元宇宙与 AIGC

重新定义商业形态

陈雪涛 杨天若 · 著

U0094235

電子工業出版社
Publishing House of Electronics Industry
北京 · BEIJING

内 容 简 介

元宇宙与 AIGC 作为一个新兴概念，每个行业都会对其有不同的判断和认知。本书描绘了有关元宇宙的畅想，讲述了元宇宙与 AIGC 将给人们带来哪些乐趣和便利，涉及了哪些科技底层技术，以及如何改变现有社会的组织架构和经济业态等。

本书分为三部分：第一部分以元宇宙的概念作为切入口，讲述元宇宙由游戏领域的一枝独秀到更多场景化初探等内容；第二部分从技术应用角度，讲述有关元宇宙的硬科技；第三部分以元宇宙落地案例为视角，展开人类对元宇宙世界的展望与畅想。

本书是一本兼具专业性和可读性的科普读物，适合信息技术领域的科研人员、管理者、创业者、投资人、科普爱好者阅读。

图书在版编目（CIP）数据

元宇宙与 AIGC：重新定义商业形态 / 陈雪涛，杨天若著. —北京：电子工业出版社，2023.7
ISBN 978-7-121-45265-9

Ⅰ. ①元… Ⅱ. ①陈… ②杨… Ⅲ. ①信息经济 Ⅳ. ①F49

中国国家版本馆 CIP 数据核字（2023）第 049411 号

责任编辑：张　楠
印　　刷：中煤（北京）印务有限公司
装　　订：中煤（北京）印务有限公司
出版发行：电子工业出版社
　　　　　北京市海淀区万寿路 173 信箱　邮编：100036
开　　本：720×1000　1/16　印张：15.25　字数：292.8 千字
版　　次：2023 年 7 月第 1 版
印　　次：2023 年 7 月第 1 次印刷
定　　价：75.00 元

凡所购买电子工业出版社图书有缺损问题，请向购买书店调换。若书店售缺，请与本社发行部联系，联系及邮购电话：(010) 88254888，88258888。

质量投诉请发邮件至 zlts@phei.com.cn，盗版侵权举报请发邮件至 dbqq@phei.com.cn。

本书咨询联系方式：(010) 88254579。

作者简介

陈雪涛，天使联合会副秘书长，麟玺创业投资基金创始合伙人，被业内誉为"行走的中国移动互联网历史"，是多普达通讯有限公司的创始团队成员之一，拥有世界 500 强公司 15 年外资企业管理经验，连续 5 年担任教育部召开的"互联网+"创业大赛国赛评委。

杨天若，加拿大工程院院士，加拿大工程研究院院士，欧洲科学院院士，IEEE/IET 会士，计算机专家，ACM 杰出科学家；毕业于清华大学计算机系，并获加拿大维多利亚大学计算机科学博士学位；研究领域包括并行和分布计算、嵌入和普适计算及大数据等。

自 序

近几年，"元宇宙"一词火了。很难说在 2021 年引爆这一话题的到底是 3 月的 Roblox 上市，还是 Facebook 更名为 Meta。其实，"元宇宙"一词的持续火热，本质上代表了人类对"理想王国"长久以来的畅想，就像没有飞机的时代，人类渴望像鸟儿一样飞翔，没有潜艇的时代，人类渴望像鱼儿一样入海。元宇宙，是新时代人类对超前技术的期许，是对未来生活的呐喊。

其实，元宇宙并不像一般的学术名词或科技名词一样，具有官方认定的科学标准和学术定义。它既是一个处于不断演进的词汇，也是一个处于不断发展的概念，是人类对未来数字技术的推进和预期。人类探索元宇宙的本质是试图描绘那个近乎完美的虚拟空间。

元宇宙不只是下一代互联网，更将继承并超越人类目前在生理神经层面的所有感知。与其说在元宇宙中，人类能享受一个极致的体验，激发非凡的创造力，不如说，元宇宙就是对人类自己的映射——一个在现实生活中因受限于生理和法律的各种约束而无法释放的自己。从生存体验的角度看，元宇宙是对物理空间在虚拟空间中的复刻和升级，同时加入了更多的内容和理念。不同于《模拟人生》一类的游戏，构建元宇宙世界的前提是人类可以产生真实的代入感。

在虚拟空间，人类除了拥有正常的七情六欲和悲欢离合，在精进的算法之下，还可以让精神世界得到无限延伸和拓展：人类的智慧和人性得以解放，人类可以创造自己内心真正向往的内容，而不是在简单地按下回车键后，迷失在互联网纷繁复杂的信息中。生命的色彩在于一步步地探索和选择。虚拟空间可以让人类尝试实现自己的愿景，并通过"数字"看到尝试的结果，降低探索和试错的成本，最终促使人类能够在现实世界中作出性价比最高的选择。本书将展示这个全新的世界，从元宇宙的前世今生开始，论述它到底从何而来，又会到哪里去。当然，本书的内容还涉及元宇宙在科技层面的底层基础，但超强的算力和先进的人工智能技术，不过是人类在作出最佳选择道路上的一把钥匙、一剂强心针，其目的都是为了满足人类在生存过程中的本体需求。

2022 年，元宇宙的产业链开始逐步形成。作为一名天使投资人，我必须面对未知的世界，鼓励那些可能符合未来趋势的团队。从历史上看，新时代的进步、人类的美好愿景，无一不是通过技术的不断迭代实现的。在这一过程中，可能会出现无数个插曲，走过无数次弯路，因此，一个新概念的生成、梳理和展望不是一蹴而就的，需要保持足够的耐心。

行文至此，要感谢在本书撰写过程中参与国内外资料收集、专家访谈及文稿整理的栗霄霄、张效娱和程思迪，以及所有对本书成稿作出贡献的人。

最后，献上美好的祝愿。

陈雪涛

2023 年 2 月

目 录

第一部分　IT 与互联网的下一场十年革命

第二部分　万物互联：元宇宙的硬科技

第一部分　IT 与互联网的下一场十年革命

过去，人类一直生活在现实世界，诗和远方只是美好而遥远的幻想。到了互联网时代，聪明的算法工程师和程序员将很多梦想映射到网络。于是，在现实世界中很多可望而不可即的事情都能在网络中实现。到了移动互联网时代，人们不仅可以浏览信息，还可以在互联网这个虚拟空间，通过文字、图片与电脑这样的载体产生互动和社交，硬件也由互联网时代的电脑慢慢变成了手机——网络开始"移动"起来，从而不断加快人们的生活节奏，改变人们的生活方式。

随着信息技术、数字技术的不断发展，以及产品终端的不断迭代，互联网早已影响到人们生活的方方面面。那么，当网络基础设施足够发达、数据存储能力和数据处理技术足够强大时，能否将目前所生存的物理空间，用数字化的方式全方位地复制出来，形成一个虚拟的平行世界呢？

答案是能！这个世界，就是元宇宙。

摩尔定律推动
全球企业发展进程

1

第1章

元宇宙概念的爆发并不偶然。尽管元宇宙这个概念很早以前就被提出，但是像近两年这样，围绕元宇宙周边的各种话题如雨后春笋般出现，实属第一次。

其实元宇宙概念的爆发是技术不断迭代和人们需求不断变化的必然结果。目前，人们已逐步迈入一个崭新的智能化时代。

▶ 第一节　元宇宙让一切皆有可能

扩　展　阅　读

某年某月的某天，你想与许久不见的好友叙旧、聊天。于是你拿起了 VR 眼镜，与好友相约进入一个虚拟空间。你们在街边的一家咖啡馆喝着美式咖啡，回顾着之前的美好时光。告别好友后，突然想起自己需要购买一些新衣服。于是你走进一家商店，站在镜子面前，把所有的新款服装都试了个遍。在这一过程中，既没有其他客人抱怨你"霸占"镜子，也没有店员吐槽你仅试不买，只购买自己十分中意的衣服即可，不用有任何的内疚感。

在这个虚拟空间溜达了一圈，直至心满意足，你便摘下 VR 眼镜回到现实世界，查看刚刚购买的衣服，并满心期待着新衣服邮寄到家。

也许现在你还无法想象这样的场景，但它正在到来。其实，早在 30 年前，人们就已经有了这样"荒谬"的想法，科幻作家尼尔·斯蒂芬森通过自己创作的小说《雪崩》，展现了他对未来世界生存方式的无限畅想。

在他的世界里，只要戴上耳机和头显设备，就可以进入一个和现实世界一模一样的世界，但一切都是虚拟的，包括生活、娱乐、社交和工作等。即使是在现

实生活中毫无交集的人，也可能在这个虚拟空间中相遇。虚拟空间中的社会形态
与真实的社会形态完全不同，一切秩序都需要重建。

一、元宇宙始于游戏

人们对元宇宙的想象和初步尝试并不是一蹴而就的，而是经过了一步步的升
级和变化。电话的诞生，源于人们对便捷通信的渴望。随着技术的进步，人们开
始追求无线化，于是手机诞生了。人们在习惯了使用手机后，发现自己还需要更
稳定的信号、更丰富的信息，于是手机上网、购物、移动支付、网络游戏等功能
被逐一细化和实现。可是将思绪放回技术的初始阶段，人们当时想要的仅仅是方
便、快捷的通信而已。

人类对元宇宙的想象，从游戏开始。

实际上，早在 1981 年，一个叫 Blue Sky Software 的游戏运营公司，就通过
文本的形式实现了那个年代的虚拟空间。虽然基于当时的技术水平，所谓的"元
宇宙"还只是一个黑色界面的文字世界，但用户可通过一个类似编程软件的文本
框与背后的机器人对话,从而将用户代入一个可无限发挥自己想象力的虚拟空间。
这便是粗糙而原始的"元宇宙"了。类似于古埃及人发现睫毛可以用来装饰，便
用"土办法"制作出类似假睫毛的装饰品，但这一想法距离可批量生产假睫毛还
有 4000 年的时间。

人类的想象和对美好生活的向往，永远走在技术前面。

时间来到 1993 年。游戏公司 Steve Jackson Games 在其 BBS 系统里开发了
MOO（一种虚拟现实系统），虽然比较原始（以文字为出发点，只需很低的带宽
即可实现），但所带来的进步是尝试将游戏与社交属性融合，建立了游戏在虚
拟空间的雏形。

从此之后，对元宇宙一步步具象化的畅想，吸引了一批又一批的游戏运营商。
他们希望能在科技进步的漫长道路中，以游戏为介质，领略未来虚拟空间的玄幻
和乐趣。在现实世界中，人们可能会受到一些物理空间的限制、感受到精神世界

的压力……但在元宇宙世界里，可以去体验第二种、第三种人生，体验不同的生活方式。人们不再害怕失败，也不用为社交恐惧症而忧心忡忡，可以去完成生活中未曾完成的梦想，弥补现实世界中无法弥补的遗憾。

在元宇宙世界，以上都不是问题。而游戏，是实现这一愿景的"捷径"。

在游戏 Cryptovoxels 中，人们可以变身为一名建筑师：自己设计游戏场景；自己设计、建造花园别墅；邀请朋友到自己的花园别墅中聚会；走出家门，逛商城、看画展；等等。而在游戏 Roblox（中文版名为罗布乐思）中，人们可以自己设计游戏，并邀请其他玩家一起玩。Roblox 具有独立的经济体系和交易系统，玩家们可以在里面买到自己想要的东西。

这些越来越丰富的游戏内容和生态，让人们对元宇宙的未来有了进一步的想象空间。

二、6 个特征齐备才能称为元宇宙

元宇宙应具有丰富、多样的应用场景。这些场景通常有一些共性。基于目前人们对元宇宙的认识和设想，成熟的元宇宙世界最少应具备如图 1-1 所示的 6 个特征。

图 1-1

- 沉浸感。通过声音、光效、画面等多个维度提供全方位的用户体验和沉浸式的高保真内容。当你带上 VR 眼镜，进入元宇宙世界时，你不会觉得头晕目眩，即便走在虚拟空间的道路上也不会摇摇晃晃。若你在现实世界中存在近视问题，也不必担心看不清楚周围的人和风景。周围的一切声音和触感都是真实的，你能感觉到风吹过的触动，听到雨落下的声音，朋友在旁边叫你的名字，你伸手同他握手，能感觉到对方的温度和力度。在充满沉浸感的世界中，你拥有的不仅仅是视觉、听觉，还拥有触觉、味觉、嗅觉，甚至会有情绪的波动和情感的聚集。总之，所有的

一切与真实世界别无二致。

- 组织性。在元宇宙世界中，存在一套强有力的运转规则和社会法治，就像现实生活中遵循的社会规则一样，例如，你不能随便闯入别人的家；你不能抢夺别人的东西或动手打人；你要遵守交通规则⋯⋯在元宇宙世界中，这些社会法治和运转规则不仅依旧存在，而且将更加明确和清晰，也将更加严厉和有效，闯祸之后找人"通融"的可能性不会再有。人们需要一丝不苟地遵循既定的规则。或许这些听起来有些乌托邦和理想化，但技术的发展终将给出答案。组织性，会让元宇宙世界更加规范化和标准化。

- 经济价值。实际上，数字资产是有价值的。在元宇宙世界中，存在以虚拟货币为代表的经济系统。该系统与现实世界的经济系统互相映射。生产者、创造者和消费者身处同一扁平化的世界，彼此的数字资产会更加透明。这是一套建立在虚拟货币基础之上的经济体系，经济规律也依然存在，经济体系维持着虚拟空间的正常运行，人们的衣食住行和各类服务都离不开发达和稳定的经济系统，而人们本身也是这个系统中的一员。在元宇宙世界中，依然有"钱"的概念：既可以购买喜欢的东西，也可以把闲置物品卖出去。简而言之，在元宇宙世界中，人们既可以通过经济活动来创造财富，也可以通过经济活动来消耗财富。

- 开放性。任何人均可进入元宇宙，无论你来自哪里、从事什么工作、有什么文化背景，都可以拥有自己的一方天地；任何事物均可进入元宇宙，无关颜色、数量、体积、质地等特征。此外，对于各个平台上的用户均可实现跨平台活动：不再有平台之间的障碍，不再需要购买不同视频网站的会员，不再需要在不同电商网站上争取不同的折扣。未来的一切服务和消费，都会是相通的！

- 创造性。元宇宙世界中的每一个细节都有可能打开你的想象空间。例如，你可以自己设计房子和布局、选择自己的服饰和佩饰，即便身着奇装异服，也不会受到别人的嘲笑和冷眼；你还可以每天去看不同的风景，体验"生活在别处"的浪漫。正如"真实世界"中人们每天的行为、劳作会影响世界进程一样，元宇宙世界中的每一位参与者都是内容的创造者，可以在虚拟空间创造各种新的内容。

- 协同性。在元宇宙世界中，虚拟和现实是同步的，你不必像更新现在的社交网站一样手动更新元宇宙世界中的状态，也不必担心因虚实之间不同步而导致信息丢失。实际上，未来虚实之间是相互影响、相互交互的，算力和数据信道传输高度发达，支持虚拟空间与现实世界信息的无缝隙、无延迟、同步更新。"你"作为自然人，可以在虚拟空间和现实世界中穿梭，这会是你生活的一部分，并且不会有玩游戏时的卡顿感觉，所有的一切都是同步发生的。

虽然目前元宇宙还停留在畅想阶段，但一切的可能性都已初现端倪。

正如人类从学会直立行走开始，慢慢学会使用工具、驯化动物，之后不断发明创造，有了马车、自行车、火车……时代在推动着人们不断向前。回首过去，火车刚出现的时候速度比马车还慢，但在蒸汽机改进之后，火车的速度有了飞速提升，铁轨也慢慢铺设起来，从点到面逐步形成网络。不久之后，交通体系的商业化也变成了水到渠成的事情。

元宇宙的发展也是如此。虽然目前还处于尝试突破核心技术阶段，无法大规模商业化，虚拟空间只能在游戏和社交等有限的场景中搭建起来，但未来已来，人们正在元宇宙世界的愿景之中大步向前。

▶ 第二节　人、机、物全面互联

元宇宙概念的出现，源于技术的发展，也是人们需求的多样化与现实发展冲突下的产物。就像早期的人类不会生火，只能吃生食，在人类学会生火之后，激发了对食物的更多需求：学会了种植农作物，驯化、养殖动物……到了现代社会，人们不仅要吃饱，还要考虑口味和营养、搭配和健康。简而言之，技术的不断进步带来了全新的需求。

人们在互联网世界中的需求，也是如此。

过去的人们，写封信可能需要千里传书，会预留出时间耐心等待，对效率没有太高要求。然而，在信息爆炸的今天，大多数人没有时间和耐心等待将一封信送达目的地，都是应用即时通信来提高沟通效率。信息的流动如同水流一般迅速。与此同时，工作量的增大又反过来强化人们对高效率的追求。据说，雷军一天的会议就有 11 个之多，而小米分公司遍布全球，他需要有足够高的效率来应对如此庞大的业务体系和自身的工作量。若要实现这样的效率，自然需要一些辅助工具。对信息的需求，促使着人们开动脑筋去发明创造，推动技术的进步，而技术的进步，又反过来会创造更多的机会、激发全新的需求。这一点在互联网的发展过程中体现得更加明显。

在互联网发展初期，人们因能随时发送文字信息而感到兴奋，之后还通过技术迭代成功发送图片、音频、视频。随着二维互联网的发展，人们开始产生新的思考：互联网能不能变成立体的三维世界，并代入触觉、嗅觉？于是对元宇宙的探索就此开启。当然，这些新奇的想象先存在于人们的脑海中，然后在已有技术上进行尝试和创新，在开发出新的技术后，再对新技术进行应用和改良，如此循环。也就是说，元宇宙是互联网发展到一定程度的产物，是将原有的互联网体系进一步延伸和扩大的结果。

所以，若想了解元宇宙体系，就要先来回顾互联网的历史——人们跌跌撞撞走过了漫长又短暂的 50 年，在黑暗中不断摸索，在光亮处寻找到了出口，这才走到今天元宇宙的入口。从互联网的发展过程中，不仅能看到元宇宙缘起的技术和社会需求的基础，还能看到元宇宙概念发展到今天，甚至发展到未来的必经过程。

一、互联网起步：一场技术发展的模拟初体验

回首互联网发展的 50 年（见图 1-2），可将互联网简单地划分为 5 个阶段：

网际网络时代、PC 互联网时代、移动互联网时代、互联网生态时代、元宇宙时代。当然，互联网在发展过程中并没有绝对意义上的阶段划分，人们不必纠结于具体的时间点。重要的是，回首互联网的逐步演进过程，人们会发现互联网技术的不断进步源于人们对沟通的需求，以及想将更多不同空间的人连接起来，消除彼此间隔阂的渴望。

| 网际网络时代 | PC互联网时代 | 移动互联网时代 | 互联网生态时代 | 元宇宙时代 |

图 1-2

其实，早在互联网技术诞生之前，不少人就畅想过互联的世界。1932 年，乔治·威尔斯在《神一样的人》中描述了一个想象中的世界：人们可凭借无线电话和语音进行沟通，还拥有一个"世界银行"来存储知识。这个"世界银行"被认为是最早关于"芯片"的想象和预测之一。

20 世纪 60 年代到 80 年代，互联网处于萌芽阶段。尽管底层技术逐渐诞生、积累甚至完善，但并没有找到合适的应用场景。就是这 30 年间不断处于摸索中的互联网技术，为后来互联网的井喷式爆发积蓄了强大力量。

● 1969 年，阿帕网（Advanced Research Project Agency Network）在美国诞生，是互联网的早期雏形。其链接原理如图 1-3 所示。实际上，阿帕网是当时世界局势的必然产物。当时世界局势紧张多变：一方面，人们对世界局势有着极大的担忧；另一方面，人们认为抢占技术制高点能够决定自身的命运。当时美国人认为，需要创造一种分散点的方式，当网络的某一部分因遭受攻击而失去工作能力时，网络的其他部分仍能维持正常的通信工作。阿帕网就是在这样的社会背景和思潮下产生的。它的诞生标志着全球互联网雏形的出现。虽然互联网的诞生源于并不温情的社会背景，但也正是由于当时的巨大压力和现实需求，人们才冲破了技术壁垒，将互联网的种子种植在科学技术的土壤中。

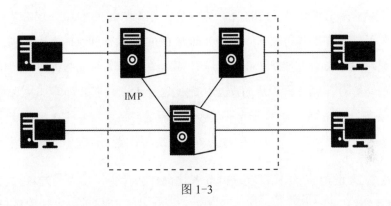

图 1-3

- 进入 20 世纪 70 年代后，互联网技术开始飞速发展，技术的落脚点也从军事对抗转向人们日常的沟通需求。因当时的计算机没有统一的制式或成熟的标准，不同厂家生产的计算机各式各样，彼此"语言不通"，所以需要一种沟通协议来帮助它们克服"语言障碍"。1974 年，科学家罗伯特·卡恩和温顿·瑟夫发表了名为《关于分组交换的网络通信协议》的论文，标志着 TCP/IP 概念的正式确立。它是一种通信协议，用于告知不同的系统如何沟通，解决了不同计算机之间"各说各话"的问题。慢慢地，互联网技术在通信过程中成长起来，帮助人类正式进入互联网时代。即使到了 20 世纪 80 年代，各类通信协议层出不穷，TCP/IP 仍凭借其开放、便捷的特点，在各类协议中脱颖而出，成为席卷全球的互联网协议，计算机之间的对话更加通畅。尽管现在仍存在很多不同的互联网协议，但作为计算机通信的开山鼻祖，TCP/IP 的意义是不言而喻的。早在 1971 年，世界上第一个微处理器芯片 Intel 4004 便已问世。当时的芯片只有指甲盖大小，但可以做到每秒运算 6 万次。它的出现打开了微电子时代的大门，那时恐怕没人能够想到，这个不起眼的小部件会在 50 年后的今天成为计算机硬件中不可或缺的部分。1976 年，史蒂夫·乔布斯创立 Apple 公司，之后 Apple II 诞生，计算机自此进入彩色时代。

- 1981 年，IBM 公司进入个人计算机市场，并开发出第一台 16 位机，率先进入微型机的高级机时代。这台计算机比 Apple II 还要先进,甚至还配置了硬盘和应用软件。1985 年,英特尔公司开发出 32 位微处理芯片,这让人们对芯片有了新的认识:人们开始将 CPU 比作计算机的大脑或指挥中心,先对程序指令进行分析和"翻译",再转化为计算机能够听得懂的语言,从而指挥计算机作出相应的反应。通过这种方式,可让计算机按照人的意愿做事。1986 年,世界上第一台路由器由思科公司研发。从此以后,网络开始有了"心脏",通过信息的流动和交换,让彼此沟通、正常运转。

虽然在 20 世纪 80 年代,互联网商业化尚在萌芽中,但人们的各种尝试和努力,让互联网开始"联"了起来。这个时代,人们一边努力探索计算机世界,另一边又通过技术的创新和改进,进一步深化了对网络、通信等新鲜概念的认知。从这个时代开始,人们在网上沟通和浏览信息成为可能,硬件和软件的并驾齐驱为 20 世纪 90 年代 Web 1.0 时代的到来打下了良好基础。但在这个阶段,互联网既没有真正走进人们的生活,也没有商业化的迹象。

这一切,都像极了元宇宙在现有阶段、在一切产业应用中的探索。回首 20 世纪 80 年代,那时的计算机世界稚嫩而朴素,但一切尝试都为后来技术的飞速发展积累了宝贵的经验。同样,虽然目前的技术发展构建了元宇宙的基础,但还没构建虚拟空间中的共同协议。虽然一些人觉得元宇宙遥遥无期,但就像互联网发展的前期一样,我们总要走过最开始的那段艰难路程才能到达前方的目的地,不是吗?

只是,目前元宇宙所处阶段可能比处于雏形的互联网更加原始。

二、互联网产业化:用户越陷越深

20 世纪 90 年代,掀起 Web 1.0 时代的浪潮,互联网开始真正的产业化和商业化,技术水平进一步提升,大量互联网公司在此期间涌现。

随着人类第一个 Web 网站诞生(虽然它粗糙到只有一个功能——查询研究员的电话),人类取得了探索互联网的巨大进步。如果说现代互联网的精神是平等、开放与分享，那么从 Web 诞生起，互联网精神的种子就已生根发芽。开发者蒂姆·伯纳斯·李虽然不仅开发了人类第一个 Web 网站，还开发了人类第一个浏览器，但他没有选择成为一名商人，而是放弃销售浏览器，创建了万维网联盟 W3C（World Wide Web Consortium），集合当时 155 家互联网公司，共同努力将 WWW 技术标准化，并呼吁保持互联网的平等和开放，让它成为一个有序的世界。

技术进步的车轮不曾停下。在 Web 网站诞生的同一年，MP3 格式的文件出现，并在 1994 年正式纳入标准体系。1993 年，浏览器的诞生为人们在网上"冲浪"打开了一扇门。"冲浪"这个现在看起来有些落伍的词汇，在当时却准确表达了浏览器的作用：浏览器就像一个冲浪板，让人们可以踩着它在网络信息的海洋中冲浪；正如冲浪板不够安全，也不能完全自由地掌握方向一样，当时浏览器能够提供的服务和安全保障十分有限，人们对冲浪的风险和方向的把握一无所知。

在 20 世纪 90 年代的互联网浪潮中，诞生了诸多互联网巨头：1995 年，雅虎成立，亚马逊、Craigslist 和 eBay 上线；1996 年，Hotmail 开始商业化运作，次年被微软以 4 亿美金收购，虽然其在 2013 年被正式淘汰，但曾一度成为全球影响力最大的邮箱之一；1997 年，Netflix 成立，后来成为全球最大的在线影片租赁服务商，2018 年，其市值超过 1500 亿美元；1998 年，谷歌诞生，之后成为全球最大的搜索引擎公司。

相较于国外市场，20 世纪 90 年代，中国互联网开始进入探索和发展的新阶段。1994 年，中国与 TCP/IP 成功对接，中科院高能物理研究所发布了国内第一个 Web 网页，后来更名为"中国之窗"。之后不久，在中国互联网市场中诞生了很多门户网站，包括人民网、新华网、网易、搜狐、新浪等，均是后来人们耳熟能详、津津乐道的网站。1999 年 7 月，中华网在美国纳斯达克上市。这是第一支在美国上市的中概股。虽然 2017 年中华网论坛永久关停，标志着一个时代的终结，但不可否认的是，它曾经代表中国互联网，向世界迈出了重要的一步！我国的互联网企业诞生过程如图 1-4 所示。

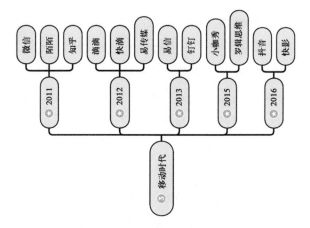

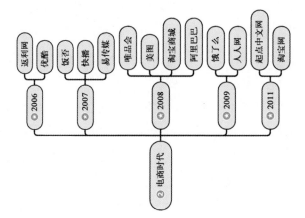

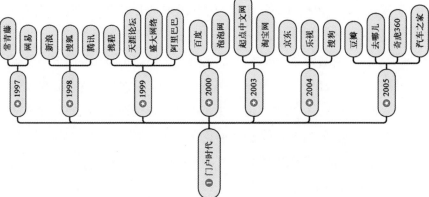

图 1-4

这一时期，互联网企业百花齐放、百家争鸣，恰好印证了一个结论：一切技术的开拓和延伸终将向产业化发展！

由于技术的进步和人们对新兴行业的追逐，大量资本开始涌入计算机、互联网及配套的行业（互联网网络基建、互联网工具软件、门户网站等）。然而，行业发展欣欣向荣的另一面是资本泡沫越吹越大。2001 年，在美股暴涨之后，互联网股票遭受大量抛售，互联网泡沫开始破灭。人们这才知道，在网络的海洋中，仅有冲浪板是远远不够的，还必须要有出海的帆船，只有能够决定行驶方向，才能保证自己的安全。人们不能仅是一名冲浪运动员，还必须成为帆船的驾驶者。

扩　展　阅　读

这一时期互联网泡沫的破裂，并不是因为技术停滞不前。恰恰相反，正是因为 20 世纪 90 年代互联网产业的蓬勃发展，让资本的兴趣大增：一方面资本的涌入让互联网公司得到更快、更好的发展；另一方面，无理性、无节制的资本催生了很多本身并不具备上市资质的公司。这些并不具备健康发展的商业模式，只是资本制造出来的空中楼阁，盲目的上市造就了虚假繁荣。因此，当泡沫积累到一定程度后，市场无力承担，自然产生了严重后果。

除此以外，互联网泡沫破裂还有一个重要因素：千年虫问题。因为那时的计算机程序还不够"健壮"，不足以应对 2000 年 1 月 1 日到来之际，时间、日期的准确变化。如果关键部门的计算机系统因为无法正确进入 2000 年 1 月 1 日而停摆，将会造成严重后果。为了应对这个问题，很多企业花费了大量精力和开支进行提前准备，而在 2000 年 1 月 1 日平安渡过之后，企业就开始大量削减开支。这部分削减反映在财报上，便引发了股市的一系列反应。

这段时间的风波，让人们对互联网的认知不断加深，互联网开始深入影响社会结构、社会治理及人们的生活方式。从这一时期开始，人们不仅对互联网越来越依赖，而且对上网体验的要求也逐步提高：从一开始只需要观看图片和文字，到希望在网上看 Flash 和视频，对音质、画质和操作也更加"挑剔"。与此同时，人们开始赋予互联网更多功能：从最开始的通信工具慢慢转变成一种表达自我的平台。

- 2001 年，维基百科创立。维基百科就像互联网世界的百科全书，为广大网友提供知识。不同于传统的百科全书由专人编写，维基百科是面向所有人开放的，任何人都可以编辑词条、分享知识，每个人在网络上接收新信息的同时，也可以成为知识的贡献者、信息的分享者，这让互联网成为人们的表达渠道。互联网的分享和开放精神，被进一步激活和传达。

- 2004 年，Facebook 成立。在网络世界，人们可以畅所欲言，不仅可通过照片、视频等分享生活、表达自我，还可以结交来自天南海北、有着不同文化背景、不同语言、在现实生活中毫无交集的朋友。以 Facebook 为代表的社交网络的诞生，扩充了人们在互联网上的探索空间，激发了人们的表达欲望，更明确地表达了互联网诞生之初的宗旨——通信，只是从最开始的基本信息交互，变成了更深层次、更具个性的表达。在互联网的精神内核中，多了个性化的元素。

- 2005 年，视频网站 YouTube 诞生。人们可以上传、观看、分享和评论视频。YouTube 的出现，进一步刺激了人们的表达和创作欲望。互联网精神的另一个要素也被激发出来，那就是平等和包容。拍摄视频不再是专业导演和电影学院学生的"专利"，没有一技之长的普通人也可以在闪光灯下变成主角。在网络世界中受到陌生人的赞誉也不再是明星的特权，只要视频能够吸引到其他人，就能收获赞誉和欣赏。

从这个阶段开始，网民不再只是围观者，更多的是参与者和内容生产者，互联网变得更加平等、开放和包容，让人们能够欣赏自我和表达个性。这个时期的网络，就像是给人们提供的空白画板和绘画工具，无论你是一个随性的涂鸦者，还是技艺精湛的画师，都可以创作属于自己的内容。自此，人们对互联网的需求从沟通变成了表达。在这个需求被激发之后，人们对互联网的依赖大幅度提升，网络工具走进了人们的精神世界。在人们乐于分享和表达的背后，是人们对世界的好奇心和求知欲，是对生活的热爱和思考，是理性和感性的交织，是对自身的关注和对他人的倾听！互联网，并不只是工具，还是每个人的人生。

三、移动互联网时代：用手机连接一切

当互联网深深嵌入人们的精神家园之后，似乎不再有更多的发展路径。但是，智能手机的出现和通信网络的快速发展，又让互联网获得了新的发展方向——互联网与移动设备结合。

- 2007 年，Apple 公司的第一代 iPhone 手机发布，标志着移动互联网的正式到来。iPhone 手机被认为是革命性的产品，因为它完全抛弃了传统手机的键盘，创造性地使用多点触摸屏，独有的 iPhone OS 系统（之后更名为 iOS 系统）可实现不同的应用功能。iPhone 手机的出现，不仅改变了传统手机的外观样式，更是冲击了人们使用手机的惯性思维：原来手机还能这么用！

- 2008 年，Apple 公司的第二代手机 iPhone 3G 和 App Store 应用商店出现，引发了移动互联网的热潮，从此人们迈入了移动互联网时代。iPhone 3G 不仅是一款爆款产品，而且独创的 App Store 模式对用户习惯产生了深远影响。手机的使用开始变得个性化和精细化：从互联网的角度来说，人们的认知受到极大冲击，因为网络通过手机进一步渗透到生活的每一个角落，人们不再需要坐在计算机旁，无论是地铁、餐馆，还是咖啡馆、医院，都可以通过手机上网；从市场的角度来说，iPhone 手机的出现，让广大厂商受到极大冲击，原来用户的习惯是可以通过产品去培养的，这与传统的"迎合"用户的产品逻辑大相径庭！所以，iPhone 手机带来的不只是产品的创新，更重要的是商业思维和逻辑的改变。

- 接下来的 10 年，互联网开始对全世界的经济、生活产生全方位影响。2010 年，Facebook 的使用人数达到 4 亿。随着新的社交软件不断推出，人们开

始用图片和短视频分享自己的生活，明星与普通人可以在互联网世界中相遇，人与人之间的界限被进一步打破。在这 10 年间，全球网民从 2010 年的 20 亿增长到 2019 年的 45 亿。可以说，互联网的浪潮席卷了全球。

● 自 2019 年开始，5G 技术的进一步突破，以及人工智能、大数据、云计算的发展，不仅让智能物联开始走入大众视野，而且使得智慧城市、智慧家居和物联网等新概念被提出和认可。移动互联网的概念被进一步强化：越来越多的设备连接到互联网，硬件和软件之间的界限被慢慢打破，互联网更加平台化，增加了更多可扩展的功能和内容。一些新应用开始从光鲜亮丽的论坛走入寻常百姓家：热水器"会"上网了，你可以在下班途中让它提前备好热水；音响"会"与你交谈了，你只需告诉它想听的歌曲名称，它就可以马上播放；家里的打印机、冰箱、空调、扫地机器人、电饭煲"听话"了，你可以通过手机连接所有智能设备，并下命令，不再需要各式各样的遥控器了。

随着移动互联网和物联网的快速发展，人们的生活方式在不知不觉间发生了翻天覆地的改变。

20 年前，手机还不算普及，有些甚至像砖块一样"巨大"。20 年后的今天，若没有手机将会十分不便：吃饭前需要通过手机选择合适的餐馆；出门前需要通过手机选择合适的出行路线；购物时需要通过手机扫码付款……手机整合了人们的需求，不仅承载了通信工具的功能，还像一个应用整合包一般，帮人们应对生活中的各种事情。

人们和手机的关系也在发生变化：若想获取信息、学习知识，则可通过手机在网络中寻找资料，或者与网友互相探讨；若想旅行留念，则可通过社交媒体发布照片或打卡……在移动互联网时代，每个人都有了更多选择，也变得更加主动。当世界的大门向网络信息敞开时，人们的内心也变得更加开放和自由。

从更宏观的角度来看，整个社会的运行方式也在逐步转变。办理手续、申请学校、解决投诉和纠纷，都可以在网络上进行，甚至部分服务由人工智能程序和机器人提供。人们日益多元化的需求正在被互联网满足，但随之又会产生更多需求，甚至发展成为新的产业。

互联网从最初的工具性平台，变成人们生活中不可或缺的依靠：对个人而言，人们开始将一部分衣食住行搬到线上，依赖互联网解决生活中的问题、学习新的知识，互联网的平等和创新，让不同阶层的人在网络世界里相遇和沟通，满足了人们进一步探索和发展的需求，也为自身的精神需求开辟了一片新天地；对社会而言，互联网改变了社会结构和治理方式，让信息变得更为透明，社会大众的诉求变得更加明确，社会治理要考虑的因素越来越多元化。

目前的互联网时代是离元宇宙最近的时代，也是人们放下台式机，拿起手机与世界更快互联的时代。随着互联网的进一步发展，将会产生新的愿景：未来，人们会放下现实世界中的手机，戴上眼镜，拿着手柄走进一个全新的世界——元宇宙。

互联网已走过 50 年的发展道路，在经历了从文字信息的载体到音视频的传递后，走到了目前发展的十字路口。相信在不久之后，互联网必将进化为另一种形态——物理空间的承载者和传递者。这就是元宇宙出现的本源。互联网发展到今天这个阶段，正面临着网民数量、手机市场饱和，甚至智能硬件设计的"天花板"，人们开始思考全新的路径：虚拟化。在元宇宙时代，虚拟化的互联网世界将会提供更高的扩展性和更大的用户承载力，生产要素变得更加丰富，生产力变得更加发达，互联网世界从此进入新的阶段。

而这一切的基础要素就是数据。

▶ 第三节　没有数据就无法运行新世界

元宇宙是一个搭建了数字化体系的多元化虚拟空间。数字化体系的底层要素是数据。数据作为信息的载体是元宇宙的组成因子，构成元宇宙对物理空间的映射和反映。因此，对数据的获取、采集、计算能力，对数字化体系的构建至关重要。元宇宙中的所有事物都需要数据建模，所有活动都需要数据计算和分析，所有记录都需要数据存储和管理……

在现实世界中，人们常常说被数据包裹着，甚至是裹挟着。那到底什么是数据？为什么数据能够给人们的生活乃至全社会带来如此巨大的改变呢？数据仅仅是数字串的组成和计算吗？在元宇宙中，数据又将扮演什么角色呢？

一、在谈论数据时，人们在说些什么

数据是信息的载体和表现，是事件的表达和记录，是人们可以读取和浏览的符号。它不仅是人们通常认为的数字，也可以是文字、符号、字母，还可以是图片、视频、音频等。对于日常生活来说，数据是人们浏览网页的记录，是人们手机短信和聊天的记录，是人们的身份信息和身体数据，是与人们息息相关的一切。在科学领域，数据更是研究的基础。对于研究者来说，数据是天文学家对宇宙的观测和记录，是地质学家绘制的地质图表，是化学家无数次的实验成果，是数学家天马行空的演算，是交叉学科学者无与伦比的新鲜脑洞。

在当今时代，每个人都被数据包裹着，形成了一个巨大的体量。

近年来，大数据发展浪潮席卷全球。根据国际数据公司（IDC）的监测数据显示，2013 年全球大数据储量为 4.3ZB（相当于 47.24 亿个 1TB 容量的移动硬盘），2014 年和 2015 年全球大数据储量分别为 6.6ZB 和 8.6ZB。近几年，全球大数据储量的年增长率约为 40%，2016 年甚至达到了 87.21%。2018 年全球大数据储量达到 33.0ZB。2019 年全球大数据储量达到 41ZB。

实际上，大数据不仅具有体量大的特点，而且在经过收集、归纳和分析后，能够向人们展现更深层次的信息，帮助人们了解更深层次的内容，作出更准确的判断和决策。例如，电商平台通过记录人们的购物时间、常

购商品、偏爱品牌、价格区间，对人们的消费习惯进行判断，并在合适的时间推送合适的商品，从而提高复购率；打车软件通过定位手机位置，结合地理技术和数据分析查看道路拥堵状况，或根据历史数据预测可能拥堵的道路，给出最优路线；听歌软件通过记录听歌时间、听歌类型、听歌次数和频率，判断、告知自己的音乐品位……总之，数据有"奇效"，能帮助人们了解自己！

二、大数据：不只是大量数据的堆砌

大数据，顾名思义，是大量数据的集合。从统计学的角度讲，数据量越大，能够提供的信息越多，对其进行数学分析后得出的结论越准确。所以，大数据的基本前提是足够大的数据量。若想通过大数据表达更多信息，帮助人们解决各种问题，仅数据量大还远远不够。人们常用"4个V"来概括大数据。

- 第1个是Variety，即多元化，是指数据的不同格式：能够用二维表结构表达的数据，称为结构化数据；无法用二维表结构表达的数据，称为非结构化数据，包括办公文档、文本、图片、XML、HTML、各类报表、图像、音频、视频等。只有将不同格式的数据组合在一起，才能让大数据多元化。

- 第2个V是Volume，即海量。海量不仅要求数据量大，还要求数据观测的期限长。例如，电商平台在对用户开展大数据观测时，一方面基于海量用户的数据，另一方面会对同一个用户进行较长时间的观测，并基于历史和当下的数据，对未来进行预测和判断。只有具备这两个维度的观测，才能让大数据立体起来。

- 第3个V是Velocity，即速率。数据具备一定的时效性，需要快速搜集和处理，并即刻给出判断和决策。例如，工厂中的传感器和监视器需要实时向处理器传递数据，以便人们随时查看生产信息，及时处理异常情况。总之，实时数据着眼于当下最紧要的事情，对速率的要求高。

● 第 4 个 V 是 Value，即价值。并不是所有的数据都对决策有益。在这个数据大爆炸的时代，常常会接收到无用的数据，甚至有害的数据。对于这部分数据，需要进行筛选和分辨，只针对有价值、有意义的数据进行挖掘和处理。

正是因为大数据具有这些特质，人们需要对其进行系统性处理和研究，需要通过数学和 IT 的逻辑了解数据的价值和意义，所以，在对大数据的处理形成了一定的规模和体系后，大数据产业应运而生。

● 对企业来说，大数据无疑为其增加了更多商业机会。大数据通过计算和处理，可提供预判性的参考，帮助企业制定最佳商业决策。例如，在购买频次最高的地区进行更多备货；根据服装的历史销售数据走势，判断哪种颜色会流行，哪种款式和材质应主推。大数据让企业的决策变得"有理有据"，改变了过去仅凭借经验主观判断的情况。

● 对于社会来说，大数据的存在大大增加了管理的便捷性。近年来，政务系统和公共行政系统开始引入大数据分析，大大提高了人员信息的处理效率。例如，留学人员只需在手机 App 上查询以往的出入境记录，就可以提供在海外旅居的证明，不必前往政务机关查询；办理贷款时只需要提供身份证信息，不必再走繁杂的流程（身份证信息中已包含个人的财务信息、信用状况），同时人脸识别和身份认证也降低了造假的可能性。总之，大数据的出现，提高了效率，降低了成本！

三、让数据会说话

大数据的"神奇功效"已经不言自明。数据科学家和数据工程师仿佛化身侦探，只凭借数据的"蛛丝马迹"就可以复原整个数据链条。这是如何做到的呢？实际上，大数据之所以能发挥作用，全要依仗数据分析和数据挖掘工作。数据科学家和数据工程师设计的体系，让数据能够开口说话！

数据分析的方式很多，如描述和诊断性分析、预测性分析、预案性分析等。

通过不同维度的分析，构建出一张立体的图谱，提供具有预判性的决策方案。就好像不同的绘画方式：素描可清晰展示细节和轮廓；水彩突出表达色彩的层次；油画注重色彩和光影，适用于大面积绘画；3D 画面突出立体感和科技感……不同的绘画方式，本身没有高低之分，只是适用于不同的需求。总之，不同的数据分析方式，适用于不同的业态和需求。例如，社交媒体注重预测性分析，会根据以往的浏览量，预测能够带动活跃用户的话题并加以推送；电商平台更在乎描述和诊断性分析，通过对用户满意度的分析，了解产品的优势与不足，并进行改善。

当然，除了需要掌握数据处理方式，还需要了解数据处理能力。

设备在一定时间内处理数据的能力被称为算力。实际上，算力并不是一个新鲜概念：

- 古代，人们通过算盘来进行简单的数字计算。
- 近代，人们使用计算器来进行运算。
- 近现代，人们利用晶体管、集成电路进行数据处理，计算工具更加多样化和轻量化，计算速度、精度、处理能力也得到进一步提升。
- 信息时代，各种算力方式和设备层出不穷，其中有一种将硬件设施整合、存放在一起，形成巨大算力的方式最为出众，即 IDC。IDC 的全称为 Internet Data Center，是提供存放计算设备、存储设备、硬件网络设备的场所，类似于一个存储数据的仓库。这个数据仓库不仅需要有足够大的空间来存放所有的数据，而且需要保证数据的安全和稳定。当用户需要查看数据时，应能够提供方便、快捷的查询服务。因此，IDC 虽然是数据仓库，但在基础设施之上，还需要提供良好的服务和运营维护。实际上，IDC 的部署是一种释放和提升算力的方式，通过物理空间和软件系统的整合，把设备汇聚成一个整体，让数据处理更加方便、快捷、高效！

通过以上体系设计，确保数据能够开口说话。

在元宇宙的体系慢慢成熟后，数据开口说话更会成为稀松平常之事。由于数据将变成可视化的、动态的、行为化的，因此对数据的阅读和理解不再是数据科学家和数据工程师的专属，每个人都能接触数据、了解数据，甚至参与到数据分析的工作中来。与此同时，随着元宇宙的逐步完善，数据的"排列组合"将变得更加丰富，数据维度变得更加多元。由于元宇宙中的各种数据都是动态实时更新的，因此对数据挖掘、存储、分析等环节的要求将变得越来越高。

四、云和云计算：一切皆可在云端

为了应对越来越多的数据，满足更高的算法要求，人们引入云计算的概念。云计算就是对数据的"深加工"，以便将数据的更多信息挖掘出来。

天空中的云，人们抬头就能看到它、共享它；互联网中的"云"，是一种共享机制的平台，通过对资源的整合管理，可让人们随时取用想要的资源，并且可扩展。

"云"概念的出现，打破了物理空间的界限，开始让互联网慢慢走向虚拟化。例如，使用"云网盘"时，不再需要 U 盘或硬盘，只要网络正常，则可随时登录网盘下载或上传文件；通过云端部署，企业不再需要实体机房来处理数据（出于安全性和数据体量的考虑，有些企业也会选择本地部署），突破了物理空间的限制，降低了技术投入成本。

"云"让人们对数据的使用越来越方便。就像用水时，只需打开水龙头或购买矿泉水即可，并不需要参与采水、铺设运输管道、过滤处理等过程。"云"的基本逻辑是按需使用，即需要多少取用多少，不必考虑储备和维护。

云计算是在"云"的基础上发展出的计算方式，可在几秒内完成对大量数据的处理，即通过分布式计算，将海量数据分解成细分数据，对细分数据分别进行计算后，再将结果合并。企业通过在不同地理空间设置云计算中心，不仅可大大提高计算能力和处理速度，而且可在出现突发状况时，保证数据的安全性和稳定性。随着云计算的普及，其不再是高不可攀的前沿技术，而是摇身一变成为数据系统中的基础设施。

云计算是数据爆发及 IDC 基础设施进步的必然结果。

新一代互联网技术不再是单一技术，常常需要与其他底层技术融合，并根植在应用场景之中，创造出新的互联网业态。例如，微信起初只是一个即时通信工具，但随着其功能的不断完善，生活中的各种细节逐步渗入其中。这就是业态的融合和创新。这些具体的细节潜移默化地改变了人们的生活习惯。

技术的融合在云计算领域也是如此：

● 随着通信技术越来越发达，"5G+云+人工智能"迸发出新的火花，产生了智能制造、智慧城市、智慧医疗等新兴产业。

● 云计算与传统产业结合，让传统产业"老树发新芽"。例如，云之稻项目将水稻基因型分析技术与大数据分析技术结合，无偿向全球提供超过3000份水稻基因组的项目成果，并创建"水稻功能基因组和育种信息数据库"，为基础性研究提供了难得的参考材料。

▶ 第四节　元宇宙：数字化充分发展的产物

元宇宙是互联网发展到一定阶段后，物理空间映射到虚拟空间的一种体现。它提供了基于数据的、全新的业务解决方案，无论在形式上还是体验上都具有无与伦比的新鲜感。元宇宙是对现实生活的改造，是实行全方位数字化的解决方案。

换句话说，一方面，元宇宙建立在技术和网络高度发达的基础之上；另一方面，元宇宙能够通过信息技术、智能技术改善当下的各种问题，为人类社会提供全新的运行方式。

目前的物理空间只有进一步数字化，才能为元宇宙时代的到来做好准备。

那么，数字化到底会给人们的生活带来哪些改变呢？事实上，数字化并不是把物理空间的一切"搬到"互联网，而是将生活以多维度的方式连接起来，并潜移默化地改变人们的生活习惯、思维方式，甚至人与人的相处方式。从社会层面来说，要将更多的数字化应用植入公共管理、公共交通、公共医疗等各个层面，从宏观到微观，从企业到个人，慢慢形成一套数字化体系，元宇宙便能在数字化体系中慢慢发展起来。

一、点、线、面、体：连接人们的数字生活

元宇宙的出现，本质上是顺应了现代商业"点、线、面、体"的发展路径，是对人和社会多维度的记录和表达。

我国的信用卡体系来源于欧洲。每张信用卡可被视为一个点，记录着持有人的信用信息，但这个点每隔一个月才能反映信用状态。例如，存在逾期未还的情况，就会在信用记录中产生一个逾期记录或坏账记录。这个记录每年最多有 12次。在阿里巴巴的系统中，每个人的信用记录可以被实时看到，甚至能够通过数据来判断每月的几号发工资（可能会在固定时间段购买商品、清空购物车）。如果将一次信用记录当成一个点，那么高频的消费行为可视为由点组成的线。这条线远比某个点更能真实、准确地反映信用状态。

若将由点到线的思路延伸，将多条不同的线连接起来，会发现什么呢？例如，除了淘宝，人们还会借助航班管家、京东、滴滴等软件安排日常事务。这些软件将一个个行为和信用形成的点组成线，并进行归纳、整合，即可形成多个面、一个体：经常打什么车、住几星级酒店、吃什么外卖、买什么菜……这些对个人生活状态和信用状况的记录，慢慢融合起来，就会形成对一个人全面、细致的评估，甚至形成一个人的立体画像。

这个过程就是人们常说的数字化。

数字化是通过信息技术、通信等手段改变事物的流程和业态，让已有的场景变得更加方便和快捷：一方面，数字化是对现有场景的重新表达；另一方面，数字化是对流程的重塑和升级，即改善了流程、提高了效率。将这一切体现在人们的日常生活中，就被称为"数字化生存"。目前，数字化生存已无时无刻不存在于人们的互联网生活中，深入人们生活的方方面面，客观地反映人们的生活质量。

从技术层面来说，数字化是通过物理空间中的传感器来收集信息，通过通信技术来传递信息，通过计算机系统将信息变成二进制编码，从而让程序自动执行指令的。数字化让有形的实物转变为能被计算机获取和理解的计算机语言，从而让程序代替人类进行信息分析甚至作出决策。

对于整个社会而言，数字化正在慢慢改变社会的组织结构和运行方式。例如，现代工厂引入数字化管理系统后，以往需要去生产线查看的信息，现在在计算机屏幕前就能看到；以往需要整理好才能报送的数据，现在可以实时查看、分析处理；工人可通过可穿戴设备随时收集和传递信息，数据的收集过程变得更加立体。通过信息的即时传递和互通，工人、生产线、后台管理系统就形成了一套"点、线、面、体"的数字化生产系统。这些数字化生产系统的成果显著，从工厂到商场，从科学研究组织到公共机构，各行各业变得更加高效。这种依托信息技术、通信技术发展形成的经济形式，被称为数字经济。

二、无法阻挡，数字经济正在悄然改变生活

不同于以往的传统经济，数字经济更强调开放、共享和联动。

● 数字化经济的转型改变了人们的生活方式。虽然骑自行车是一件无比寻常的事儿，但数字化时代的共享单车还是颠覆了人们的认知：人们不再需要购买单车、维修、买锁，只需扫码即可骑走。共享单车打开了共享经济的大门。有了互联网的助力，身边的资源便可重复利用起来。不过，共享单车并不是单一存在的，要与公交、地铁等公共交通形成互补，一同解决人们在出行过程中遇到的"最后一公里"问题，形成串联出行业态。虽然共享单车

的发展并不顺利，遇到了种种问题，但是"共享"这种思维方式，是数字经济发展的必然结果，也将慢慢改变生活形态：对个人而言，享受到了方便、快捷及友好的价格；对企业而言，新生态挖掘了全新的细分市场，为企业发展找到了新的发力点；对整个社会而言，数字化转型深入到社会的每个层面，集中体现在新的商业模式、新的就业方式和新的社会价值上。

- 数字化经济的转型改变了零售业的商业模式。改革开放 40 年，中国零售业、物流业绚烂蝶变，见证了不断升级的消费趋势。近年来，以电商为起点，衍生出一系列的新媒体、短视频等行业，带动了更多人积极参与、互动，为零售行为本身赋予更多生动、有趣的场景。一部分电商平台还将产业链延伸至上游的生产商，进一步缩短了生产和消费环节，让人们能用更优的价格买到心仪的产品。

- 数字化经济的转型，改变了传统的加工制造业。例如，国内某汽车制造公司，为了提高生产效率，上线了财务和生产数据系统，并将二者打通。由于缺乏系统性的谋划，数据类型不统一，导致决策者接收到错误信息，给管理造成了一定困难。于是该公司将系统进行数字化升级，引入强大的数据中台，整合各个业务系统的数据，统一数据口径、搭建数据结构、建设数据监控平台，成功梳理了生产线，提高了生产效率。

- 数字化经济的转型，改变了金融业。例如，以前需要填表申请储蓄卡的业务，现在通过操作银行里的机器即可快速完成，甚至可以坐在家中利用手机完成。在很多人们看不见的地方，数字化金融也在迅速发展。例如，依靠先进算法和人工智能技术监管金融交易过程，可建立高效的反洗钱、反欺诈的金融系统。

这些新商业模式、新生产方式的出现，源于数字经济发展和基础技术的进步。与此同时，数字经济，让人们的生活更加轻量化、简洁化、多元化，人们在越来越方便、快捷的生活和生产中产生了更多精细化的需求，这些需求反过来进一步促进这些行业的发展，形成正向循环。

三、新时代到来，数字化转型深入实体经济

从更加宏大的国家视角来看，数字经济已成为我国重要的经济支点。我国数字经济规模示意图如图 1-5 所示：2016 年，我国数字经济规模达到 22.4 万亿元人民币，占 GDP 比重的 30.1%，增速高达 16.6%；2020 年，我国数字经济规模达到 39.2 万亿元人民币，占 GDP 比重的 38.6%，保持 9.7% 的增速[1]。

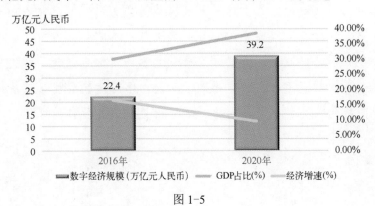

图 1-5

目前，我国正成为全球数字经济大国，究其原因，主要有两点：

- 我国有庞大的网民群体。2020 年 12 月，我国网民规模达 9.89 亿人。庞大的网民群体为数字经济发展提供了巨大的市场。
- 我国的数字经济表现出与实体经济相结合的特色。例如，出行行业以庞大的网民群体、司机群体为基础，以数字化的平台为依托，发展出了巨大的体量。截至 2020 年底，我国网约车用户规模为 3.65 亿，较 2020 年上半年增加 0.25 亿，占所有网民的 36.9%，网约车的市场规模为 2980 亿元人民币，占据全球网约车市场规模一半以上份额[2]。

不过，数字化深入实体经济的现象引发了部分人的担心：数字经济的发展

1　数据来源：《中国互联网发展报告 2021》。
2　数据来源：中国互联网络信息中心（CNNIC）发布的第 47 次《中国互联网络发展状况统计报告》。

是否会冲击和影响实体行业，尤其是基础制造业？人们的关注是否会从之前的工厂和车间，变成热闹的直播间？产品制造商和品牌方是否不再重视产品和品牌的长期耕耘，更愿意参与"短平快"的网络营销？虽然以上担心不无道理，但也不必悲观，数字经济正在深入实体经济，帮助实体经济实现产业升级。例如：

- 某个物联网养猪场（见图 1-6）采用智能化硬件设备（摄像头、传感器等）打通数据后台、植入大数据分析能力后，不仅可检测养猪场的气温、湿度等，提醒管理者有外来人员或不明物体闯入，还可观察母猪生产小猪的状况，甚至可以预测需要的猪饲料数量。养猪场利用智能设备、智慧平台、智能终端、智能网络搭建的智能养殖系统，可实现同样的人力饲养更多的猪、创造出更多经济效益的目标。

图 1-6

- BMW 公司通过数字孪生将实际车辆的零部件投射到虚拟工厂，并直接对其执行改动和更新操作，大大节省了研发和试错成本，以往需要由人完成的大量重复性工作逐渐被 AI 替代。在这样的场景下，更多的人会去追求自己真正的价值，而不是去从事设备可以替代的工作。

● 在亚马逊的仓库里，机器人正在逐渐成为分拣工作的主角，从而将员工从这类苦活累活中解放出来。

事实上，数字经济的发展是全球不可逆转的大趋势，是新时代的动力引擎！

不论从宏观到微观，还是从企业到个人，在数字经济的发展浪潮中，都将面临数字化转型问题。对个人而言，智能产品在不断迭代升级，应用场景不断增多，必须不断学习，提升个人核心竞争力；对于城市管理者而言，数字化转型带来了极大的便利和更多的选择，但新的社会问题也将随之出现。例如，共享单车在城市的占道问题、新型网络诈骗问题、数据滥用和公民个人隐私问题等，从某种程度上说，数字化转型也在推动着社会治理和职能的转变，以便适应新的发展需求。

如果以上问题解决不了，那么人们期待的元宇宙将很难实现。元宇宙并不能解决一切问题，甚至还会使问题更加严重，需要现实世界给予支撑和保障。因此，若要建立元宇宙世界中井然有序的社会状况，必须重视现实世界中数字经济的发展。

中国或将率先
迎来元宇宙产业落地

2

第2章

元宇宙的概念在国内和国外出现的时间节点几乎一致，只是对于具体的概念和内涵，各方理解有所不同。例如，马化腾提出"全真互联网"，Facebook 提出 Meta 大战略。两者并无本质差异。实际上，我国出现的元宇宙热潮与国内经济快速发展是分不开的，尤其是在数字经济浪潮之下。随着我国综合国力的不断攀升、经济的有序发展，未来我国在数字经济方面的应用将迎来大爆发。

那么，在元宇宙的发展与落地方面，我国是否也具有同样优质的土壤呢？在技术方面，人工智能技术的发展为元宇宙的落地提供了良好支撑；在市场方面，"后疫情时代"的互联网市场环境逐步走向繁荣；而任何技术推广和应用背后依赖的经济体量，也可以从我国对外贸易方面的综合表现得以体现。因此，我国或将率先迎来元宇宙产业落地。

▶ 第一节　人工智能：元宇宙的核心技术

从整体来看，元宇宙是一个复杂的体系和流程，需要一个体系化的技术架构，内容囊括从基础技术到应用、从数据存储到传输处理，是智能化技术的融合。在这个技术体系中，人工智能是关键一环。人工智能通过让机器进行学习和训练，让其拥有思考问题、分析问题和解决问题的能力。在元宇宙的体系中，人工智能让整个体系有了做决策的"大脑"。因此，一个国家的人工智能发展水平，在某种程度上决定了这个国家在元宇宙方面的技术能力和基础。

预计在未来 10 年，将会出现更多人工智能的应用场景和使用途径，普通人距离人工智能的高科技已不再遥远。在互联网方面，将立足于已有的扎实基础，迎来更大的发展空间。

新的 10 年，人们已经准备好了！

一、人工智能：在元宇宙体系中的关键作用

先来思考一个问题：人工智能在整个元宇宙体系中到底起到了什么作用呢？

元宇宙体系的技术分为几大模块：网络通信技术、仿真交互技术、人工智能、创作/互动平台和区块链。虽然这些技术并没有统一的分类标准，但毫无疑问，人工智能是其中不可或缺的一环。

人工智能技术主要包括计算机视觉、机器学习、自然语言识别、数字孪生等。

- 计算机视觉好比人的眼睛，有了它，计算机能够知道自己"看到"了什么，甚至能够识别物体的距离和位移等。
- 机器学习通过大量数据的分析和积累，让 AI 本身具备学习能力，让机器能够根据经验自我成长，不需要人类的"手把手教育"。
- 自然语言识别打破了计算机语言和人类语言的界限，让人们不通过二进制的 0 和 1 编码就可直接与机器对话，即通过口头语言让 AI 执行指令。
- 数字孪生是人工智能与仿真技术的结合，即将现实中的物体映射到虚拟空间进行模拟和分析。

人工智能技术在元宇宙体系中主要起两个作用：一是提高沉浸感，提供高仿真功能；二是帮助用户进行内容创作。

- 在沉浸感和高仿真方面，仅有人工智能还不够，还需要与仿真技术、通信技术等融合，共同打造一个"活起来"的世界。
- 在内容创作方面，人工智能需要以互联网技术为基础，在元宇宙的内容平台上发挥作用，帮助用户打造属于自己的个性内容。

总之，在元宇宙体系中，人工智能是基础且重要的一环，能让元宇宙从扁平的互联网世界中诞生，成为一个具有思考和决策能力的系统，让元宇宙世界中的一切得以立体化和动态化。人工智能技术本身涵盖的各项技术板块不仅能够在元

宇宙体系中发挥不同的作用，还能作为一个整体与其他底层技术融合，实现元宇宙的基本功能。

二、不分伯仲：我国人工智能领域的学术水准正紧追美国

随着国内数字化浪潮来袭，以及国家鼓励人工智能和相关前沿技术发展，越来越多的实际场景将会落地，人们与人工智能的距离不再遥远，无论是娱乐休闲，还是医疗救助，都离不开人工智能的辅助。

实际上，我国人工智能在学术上已取得了不少成绩。清华大学中国科技政策中心发布的《中国人工智能发展报告 2018》显示，在 2009 年到 2018 年的 10 年间，我国超过 2 万篇，仅次于美国，位列世界第二。各国在人工智能领域发表的高水平论文数量（单位：篇）如图 2-1 所示。

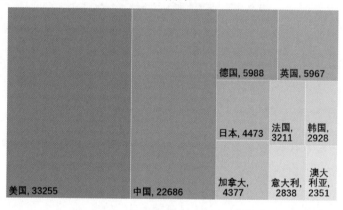

德国, 5988　英国, 5967
日本, 4473　法国, 3211　韩国, 2928
美国 33255　中国, 22686　加拿大, 4377　意大利, 2838　澳大利亚, 2351

图 2-1

这就意味着，我国不仅拥有巨大体量的数据基础，还在数据应用领域保持着全球范围内的领先地位。

尽管如此，我们仍要冷静和客观地看待诸多问题。例如，我国的人工智能行业对源代码和已有的数学模型具有依赖性，在创造性方面有所不足；从宏观视角来看，我国人工智能的行业结构存在一定的不平衡问题，俗称"头重脚轻"，即在产业规模大、技术较为成熟的互联网行业，人工智能的理论研究和技术积累相对

较多，在算力、算法等基础性研究层面积累相对较少。对于未来的元宇宙产业而言，若缺乏更加精准和强大的数据分析能力，则无法充分发挥数据的价值。这也是我们现在乃至未来需要不断努力和积累的方向。

从细分角度来看，我国在人工智能的细分领域——计算机视觉和语音识别方面具有相当大的优势，在自然语言处理方面相对薄弱一些，原因有两个：一是我国对自然语言处理方面的研究较晚；二是由于中文具有笔画复杂、一词多义、一词多音等特点，在语言逻辑和语法结构上不同于字母语言，客观上提高了研究难度。

从全球角度来看，中美两国在人工智能领域占据优势地位：由于我国较早开始了人工智能领域布局，政府层面给予了很多支持和相关政策，因此在发展指标和政策指标方面占据优势；由于美国的基础科研体系完善、人才储备丰富，并且具有多元化的发展态势，因此美国在人才储备、基础设施、研究和商业应用方面占据优势。

三、人工智能并非一枝独秀

说到人工智能在元宇宙体系中的作用，其本质是让虚拟空间理解人类的行为、语言甚至思想，并且有分析和判断能力。只有让元宇宙中的所有场景都具备智能化和数字化，人们才能真正在元宇宙中"畅游"。因此，若想实现元宇宙的落地，除了需要人工智能技术本身，还需要有围绕其产生、落地的一系列场景。

目前，"人工智能"已不是新鲜词汇，经常出现在各类文章和宣传中，认知度得到极大提升：一方面，说明人工智能已在应用层面迈出了一大步；另一方面，说明人工智能已逐步渗透至多个领域。例如：

● 当人工智能与媒体结合之后，产生了不一样的变化：以往的新闻需要有采集和回传的过程；采用人工智能的实时回传系统后，可快速完成突发新闻的报道，确保节目的及时性和高质量性。人工智能让信息传输变得更加通畅，让平台变得更加立体。

● 当人工智能与医疗结合之后，有了令人惊叹的表现：在影像诊断方面，医生通过计算机视觉、计算机图形和深度学习可快速查看影像，进而给出对

应的诊断。例如，对于一些发病率高、生存率低的癌症，人工智能诊断能
提高早期发现的概率，帮助病人更早地介入治疗，提高治愈率和生存率；
对于心血管等较严重的疾病，人工智能影像不仅能够辅助诊断，还能预测
心脑血管病变的可能性，进行及时的预防和干预。

- 当人工智能与金融结合之后，也能大显身手，尤其是在金融风险的防范和
识别方面：以往对于金融风险的处理往往依靠人工完成，由于人的主观因
素较多，很难客观公正地把握每一笔业务，人工智能与金融的结合，可协
助审查用户信息、用户身份，通过对多个金融变量的分析，综合判断用户
的真实财务状况。例如，利用用户的行动轨迹、网页浏览信息和阅读主题、
消费行为和规模等信息，判断用户的真实收入或消费水平，可大大降低造
假或隐瞒的可能性。不仅如此，人工智能与金融的结合还大大提高了各类
金融信息的审核效率。

- 当人工智能与教育结合之后，逐步被人们接受。它不等同于网课，而是对
整个教育系统进行了智慧化升级和改造。这个智能教育系统将教育设施、
硬件、软件和互联网打通，形成良好的生态闭环。例如，在智慧课堂上，
虽然学生可通过 VR/AR 学习，增加了更多的趣味性和便利性，但并没有
摒弃实体的互动课堂；通过智慧校园的信息系统传输，老师可了解学生的
学习情况，及时作出判断和干预；智能阅卷系统可帮助老师快速、准确地
批改试卷和作业，让老师能将更多的精力放在备课和教学上。

未来在元宇宙世界中，目前拥有的人工智能应用场景，会继续得以实现和升级。

▶ 第二节　新业态呼之欲出：以强大的互联网市场为基础

元宇宙是互联网应用的创新、升级形态。一个国家或地区的互联网基础技术、

管理体系和应用市场的发达程度，影响着元宇宙体系的搭建和发展速度。互联网的基础技术越发达、市场渗透率越高，人们对新型互联网形态的需求就越高，元宇宙建设的能力就越强，因此，一个国家的互联网市场情况可作为元宇宙发展的风向标之一。

目前，我国的互联网市场渗透率较高，人们日常生活的方方面面几乎离不开互联网。我国在互联网市场发展中所取得的经验和成绩，将为元宇宙的发展打下良好基础。

一、二十年的不断接力，拉平了元宇宙的起跑线

谁都没想到，我国互联网的发展能呈现出如今这样欣欣向荣的态势。只要对我国互联网的发展历程简单回顾一下，就会产生"原来我们已经走了这么远"的感叹。伴随着世界互联网掀起的浪潮，我国互联网行业百舸争流、快速发展，不断接力前行，走出了一条全新的道路。不同时期互联网品牌的兴起如图 2-2 所示。

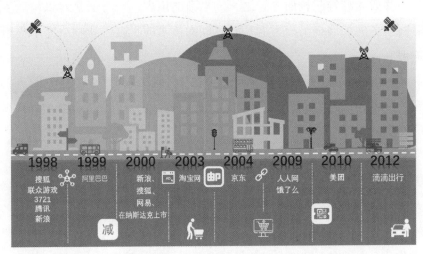

图 2-2

1995 年，瀛海威公司的创始人张树新认为，互联网行业将具有广阔的前景，

于是决定创办互联网公司。瀛海威公司主要以互联网信息服务和内容为切入点，向普罗大众提供互联网服务。瀛海威公司的成功，让人们第一次认识到互联网的便利和广阔。虽然瀛海威公司早在 2003 年就已走完"全部生命历程"，慢慢消失在人们的记忆中，但不能忽视它在我国互联网历史上留下的浓墨重彩的一笔。先行者都是可敬的！

之后，我国的互联网公司如同雨后春笋般出现，开始进入百花齐放的时代：张朝阳正式创立搜狐；丁磊的网易门户上线；鲍岳桥创办联众游戏；周鸿祎创办 3721；腾讯在深圳成立；四通利方公司与美国华渊资讯公司合并，成立新浪；马云在杭州创建阿里巴巴……此时的互联网行业以门户网站为主，承载的业务模式有限，比较火热的论坛、聊天室，以及后来"国民级应用"QQ，实际上反映了人们的沟通需求。在沟通需求不断得到满足后，互联网业态随之发生新的变化。

之后，淘宝网诞生，同年支付宝出现；京东诞生，电子商务行业正式开启"波澜壮阔的旅程"。之后，电子商务这个词（简称电商）被写入国家层面的战略规划，并成为高等院校的专业之一。电商的出现，一方面是对以沟通为基础的互联网业务的扩展；另一方面是对互联网技术的扩展，让网络有了更强大的承载能力。

奇虎 360 发布永久免费的杀毒软件，普及"网络安全"的理念，让人们慢慢意识到：在网络世界"畅游"时，计算机也需要保护，以免受到各类病毒或不良程序的攻击和污染。网络安全随之成为互联网行业的一个重要细分领域。

随着饿了么创立，美团上线，滴滴出行诞生……互联网与人们的日常生活结合得更加紧密，越来越多的细分行业衍生、发展出大规模的商业化模式。换句话说，人们可以用互联网来做更多的事情。

随着移动互联网时代的到来，以及智能手机的普及、手机上网资费的降低、WiFi 的推广，人们对互联网，尤其是移动互联网的依赖度大大提升。从公司层面来看，腾讯、阿里巴巴、京东、美团、滴滴出行不仅能够深耕原本的细分市场，而且在此基础上均有了不同程度的扩展和延伸。例如，支付宝和微信支付极大地方便了人们的支付和结算需求，并植入了更多的生活类服务；阿里巴巴以阿里影业为基点切入电影行业，开始着眼于人们的休闲娱乐生活，同时旗下的盒马鲜生开启了生鲜产品的网购模式。人们对互联网的需求进一步释放，同时载体也慢慢从电脑转向手机。

我国的互联网在这个时期开始释放出巨大的能量：

- 一方面，因为这个时期我国的基建取得了巨大进步，快速发展的网络通信技术和更加经济实惠的电脑、手机，让越来越多的人成为了网民，从而为电商和其他互联网业态打造了一个巨大的市场。
- 另一方面，人们的需求日益变得多元化，对互联网的要求不仅停留在游戏、交友和购物上，还需要具备更多方便、快捷的功能，同时对服务的质量和深度也产生了更高要求。例如，阿里巴巴的淘宝和盒马鲜生都是典型的电商案例，也是完全不同于国际互联网发展模式的商业案例。

我国的电商发展之路虽然从互联网技术进步发展而来，却走出了一条独一无二的创新之路。

二、电商：基于互联网时代的模式探索

目前，我国的电商行业主要有阿里巴巴、京东、拼多多、美团和抖音等巨头公司，也有唯品会、小红书、得物等垂直领域细分市场的电商公司。在知名电商中：

- 有些原本就是以电子商务起家的，逐步发展成综合性互联网公司，如淘宝、京东等。
- 有些则是从本地生活起家，在全面发展的同时涉足了电商领域，如美团。
- 有些是从短视频起家，逐步植入电商基因，如抖音和快手。
- 有些是在已有平台的基础上，衍生和孵化出新的电商业态，并专注于细分市场，如由淘宝商城升级而来的天猫商城、阿里巴巴旗下的盒马鲜生等。

这些电商平台的不断发展，让电子商务的"触手"深入日常生活的每个角落。各平台的特色对比如图 2-3 所示。

		阿里巴巴	京东	美团	拼多多	抖音
供给方向	核心品类	服装、化妆品、日用百货、长尾商品	3C家电、超市品类	餐饮	日用百货、农副产品	服装、服饰
	业务拓展	生鲜、家居家装	日用百货	生鲜	生鲜、服装、化妆品	日用百货
需求满足度	多	✓✓✓✓	✓	✓	✓✓	✓
	快	✓✓	✓✓✓✓	✓✓✓✓	✓	✓
	好	✓✓✓✓	✓✓✓✓	✓✓✓	✓	✓✓
	省	✓✓	✓	✓✓	✓✓✓✓	✓✓
服务质量	内容	✓✓	✓	✓	✓✓	✓✓✓
	物流	✓✓	✓	✓✓✓	✓	✓

图 2-3

例如，阿里巴巴以服装、化妆品、日用百货和长尾商品为核心品类，在此基础上拓展了生鲜、家居家装等品类，特点是品类多、选择范围广、与多家物流公司合作，不自建物流；京东是以 3C 家电、超市品类为核心品类，逐步拓展至日用百货等快消品，优势是自营物流发货和分发速度极快；美团以餐饮为主导，以外卖为核心竞争力孵化相关产品的电商业态，虽在商品品类上不如淘宝和京东丰富，但以美团专送和合作骑手为体系的物流速度较快，以即时配送为主；拼多多主导下沉市场，主要优势是商品价格低，适合对价格敏感的用户；抖音和快手是将商品链接与短视频内容结合，增加了网络购物的场景和互动，适合非常规需求的购物及冲动型购物。虽然短视频平台的电商体系不如传统电商那样，建立了更加系统的购物平台或物流，并且对视频内容、直播场景等渠道依存度较高，但场景化的购物刺激了用户的心智，提升了购物体验。

这些都是在互联网 1.0 时代和互联网 2.0 时代开发出的新消费场景，它们共同改变了人们的生活方式。

当人们把视角转向消费者的购物习惯时就会发现，消费者天然倾向于简单直接的购物方式。例如，能在同一个平台上买到所需的商品，一般不会在多个平台之间跳转。因此，对于电商平台来说，扩充品类数量，尽可能满足消费者的购物需求是至关重要的。京东以自营商城和自有仓储体系为特色，让消费者有了更多的选择，平台自营的方式提高了消费者与商家之间的亲近度和信任度。与此同时，在一些特定品类上，消费者对电商的依赖和信任相对较低，如家装、生鲜、食品饮料等，尤其是涉及即时消费的商品（如熟食类），这类商品的电商渗透率较低。因此，电商需要进一步培育消费习惯，强化自身品牌，加强物流体系的建设，让消费者愿意通过网络购买这类商品。

在互联网 1.0 时代和互联网 2.0 时代所诞生的商业模式，基本上是以需求为导向，顺应了人们想要方便生活和快捷社交的需求。

互联网的发展固然是源于技术的进步，可真正落地到场景化应用的，其实是基于人性基本诉求所衍生出来的结果。

到了元宇宙时代，电商将会有更广阔的发展空间：一方面，当人们习惯于虚拟空间的生活之后，将会产生更多的需求；另一方面，因为互联网的形态发生了变化，商品的陈列方式、人们与商家的互动方式及物流方式都会发生变化，所以成熟的元宇宙体系会有更高的承载力和更低的使用门槛，即便人们不会打字或使用键盘，也可通过硬件轻松进入元宇宙世界，完善的语音和人工智能系统将帮助人们适应元宇宙的不同功能。

扩 展 阅 读

试想一下：忙碌的工作让你很难抽身逛商场时，可在元宇宙世界的虚拟商店中挑选、下单合适的衣服，不久之后，便能在现实世界中收到；爷爷奶奶年事已高、腿脚不便，在元宇宙世界的系统语音提示下，可开心、便捷地在超市采购，不久之后，便能在现实世界中收到采购的商品。

未来的元宇宙电商将成为一个桥梁：一端连接现实电商，进一步升级电商业态，提高其数字化程度，连接更丰富的场景；另一端通过人工智能降低使用门槛，让更多的群体进入，满足更加多元化的需求，从而在虚拟空间延伸出更多的业务增长点。

▶ 第三节　从贸易大国到贸易强国

一个国家的贸易水平代表着整个国家的市场化程度和经济繁荣程度，实体经济层面如此，虚拟经济层面也是如此。在元宇宙这个开放平台的框架下，实体经济将会持续为元宇宙体系发展提供支持。下面将从贸易活动的视角，感受我国在贸易领域获得的经验。这些经验在不久的将来会转化为元宇宙市场的经济活动原动力。

随着数字经济的不断发展，我国开始挖掘和发现全新市场，以强大的电商产业为支撑，在不同领域的"出海"中取得了长足的进步，尤其是在游戏和智能硬件领域。这也是元宇宙初步探索过程中最重要的两个应用领域。

一、游戏出海：我国游戏的新出路

从 2016 年到 2020 年，我国游戏领域的市场规模逐年增长，即从 900 多亿元人民币逐步增加到 2600 多亿元人民币。然而，快速增长的市场规模也伴随着增长率的下降：2016 年游戏产业的增长率超过 77%；2017 年跌到了 34.5%；2018 年，更是下降到了 19.6%[1]。因此，很多游戏厂商需要寻找新的出路：从全球视野来看，游戏用户的规模庞大，仍有增长潜力，如 2020 年，全球游戏用户数量超过 28 亿人；从细分市场来看，移动端游戏逐渐受到市场欢迎，对电脑端游戏的热情有所

1　数据来源：App Growing Global 与易观分析联合发布的《中国移动游戏出海发行策略分析 2021》。

下降。因此，游戏厂商应更加注意游戏与智能手机、平板电脑的适配性。

实际上，我国游戏厂商在海外市场有着不俗的表现：腾讯已成为全球著名游戏公司，除此之外，我国游戏公司的整体实力也是有目共睹的，在下载量、用户付费方面都实现了增长。截至 2021 年上半年，在海外用户付费最多的前 2000 款游戏中，有 23.4%的游戏来自我国游戏厂商。同时，我国游戏厂商也开发出了《PUBG Mobile》《荒野行动》和《原神》等爆款游戏。其中，《原神》上线仅 3 个月，就获得了超过 3.9 亿美元的收益，令米哈游的名气大涨 [2]。

这几款爆款游戏的成功表明，我国游戏行业的技术能力、内容开发能力和市场渠道能力已得到海外玩家的认可。

从我国游戏公司的内部情况来看，已形成相对明确的格局。

- 头部发行商在游戏出海方面积累了相对丰富的经验，对海外市场的需求和营销方式了解深入，具有多个市场渠道，因此，更适合开发和推广 IP 品牌力强的大型游戏。
- 腰部发行商面临更加激烈的竞争：一方面需要加强自身的出海能力；另一方面在渠道和成本上需要进行平衡和取舍，同时还应该注意国内竞品公司的策略和产品内容。
- 小型发行商聚焦主要业务和主打产品，走"小而精"的路线，不应盲目参与激烈的细分市场竞争。

从游戏和元宇宙体系的关联度来说，我国游戏厂商总体上具备一定的竞争优势。从未来发展方向来说，游戏将是元宇宙体系的切入点，原因如下：

- 首先，游戏领域是很多互联网公司试水元宇宙的第一步，从内容场景到技术架构，游戏都是一个合适的试验场。例如，腾讯投资 Roblox，打造中国版的"罗布乐思"游戏，为大众提供了一个元宇宙的前期体验场所。就元

2　数据来源：App Growing Global 与易观分析联合发布的《中国移动游戏出海发行策略分析 2021》。

宇宙的整体概念而言，公众对元宇宙游戏的认知远超对元宇宙其他方面的认知，甚至很多人抱有元宇宙等同于高级游戏的错误认知。

● 其次，游戏的长期运营需要 IP 的打造，技术、内容和管理也需要不断优化、改进，甚至需要融合市场的需求、玩家的心理等各个要素。因此，游戏领域能够为元宇宙体系的建设做一个前期的探索工作，对元宇宙来说是非常合适的切入点。但这也对游戏厂商的技术能力、IP 打造能力提出了极高的要求，同时，游戏厂商还需要具备不断进步的学习能力，以便在第一时间跟上大众的需求。

● 最后，元宇宙中的游戏将成为一个扩展性和自由度极高的平台，需要与其他要素融合。因此，游戏将成为元宇宙体系中一个重要的构成要素。

二、智能制造：从中国制造到中国创造

在互联网时代进化到移动互联网时代的过程中，硬件是技术进步的基石和推动器。中国作为制造大国，以强大的生产能力和市场规模，向世界各地输送物美价廉的商品，在全球发挥着重要作用。然而，在智能时代到来之际，仅生产和售卖远远不够，若想从"制造"走向"智造"，则产品从设计到研发、从生产到运输、从包装到市场营销和推广，都需要升级换代。智能制造不仅是在制造领域加入高新科技，而且是在整合科学的产品设计体系、完善的产业链规划和实体产能的技术后形成一个完整的体系。智能制造能实现更精准的消费者洞察，以市场需求作为风向标进行产品研发、采购、生产制造和上市后的营销与服务。在这个流程中，每个环节都能充分发挥作用，每个环节的资源也都能做到"物尽其用"，从而真正有效地提高产能和产品质量，降低全流程的成本。

近年来，我国在智能制造领域取得了长足进步，以产业链上游核心零部件——中国智能传感器为例，2016 年在国际市场中的份额仅为 13%，2020 年则增长至 31%，如图 2-4 所示。

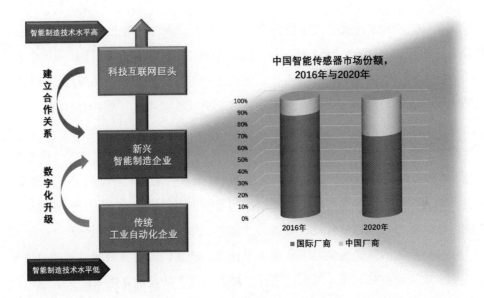

图 2-4

我国智能制造水平的提升，除了源于技术本身的进步，更是源于市场需求。近几年，随着新能源汽车、家用机器人、智能化小家电等行业的火热，人们对智能化产品的需求大大提升。厂商希望通过智能制造的方式来进一步提升产品竞争力和品牌力。在工业市场领域，随着数字孪生的发展（数字孪生可将物理空间投射到虚拟空间中，并以实时数字化模型进行即时展示，以帮助提升工业设计水平），智能制造将得以进一步优化和提升。从智能制造行业的渗透情况来看，我国的智能制造主要应用在 3C 电子、汽车、金属冶炼、机械设备制造和生物化工等领域。

由于元宇宙体系的建立离不开大量工业化的基础建设，因此工业互联网的发展，不仅可促进实体制造业的发展，还是未来元宇宙发展的基础。

制造行业因为产品不同，常常在流程和生产线上存在巨大差异，很难有特定的标准流程来解决生产过程中遇到的各种问题。工业互联网可针对不同需求，高效提供精细化的解决方案，并提供质量检测、供应链管理、现场监控、决策辅助、市场响应、生产性服务业拓展等方面的服务。工业互联网的产生和发展，加强了我国智能制造行业的竞争力，补齐了产业链和供应链方面的短板。

截至 2021 年 8 月底，我国较为突出的工业互联网平台超过 100 家，连接工业设备总数达 7600 万台（套），全国在建的"5G+工业互联网"项目超过 1800 个。其中，较为知名的包括小米智能工厂、美的集团的公有云系统、阿里巴巴支持基于消费者需求的"端到端"按需生产等。

我国智能制造的良好发展态势为元宇宙的发展奠定了良好基础。

从元宇宙体系的建设角度来说，元宇宙作为"虚实结合""虚实共生"的综合体，不仅是现有互联网的升级版，更是将硬件与软件融合、升级的平台和通道。因此，智能制造领域的良好基础，不仅能为元宇宙提供优质的设备，还能提供更具实用性的解决方案和软件设计方案。

未来元宇宙的落地场景，不仅集中于社交、游戏、消费等领域，还能应用于工业、产业、政务等领域，甚至可通过"虚实结合"的特性帮助人们大大改善现实生活中的现状。因此，在通往元宇宙的道路上，智能制造，尤其是工业互联网，将发挥更大的作用。

游戏：元宇宙
的场景化应用

第3章

谈到元宇宙，就不得不提到游戏，毕竟元宇宙的概念是随着 Roblox 这个"游戏黑马"火起来的。随着互联网的发展，游戏行业进入爆发期。而元宇宙的出现，则把当前的游戏体验提高到了一个全方位、沉浸式的新境界。可以说，游戏是元宇宙最典型的场景化应用。

游戏的变革反映的不仅是电脑和互联网技术的进步，更是人们在内容创作上的不断尝试，同时也能够反映人们不断变化的精神需求。本章先通过剧情丰富度、画面精美度、单人到多人、游戏系统发展等角度阐述游戏的发展历程，梳理游戏场景中有趣的、核心的技术价值，再结合当下人们对体验感的迫切需求，畅想元宇宙将给游戏行业带来怎样的行业机遇。

▶ 第一节　PC 时代的游戏：娱乐至上

在 PC 时代，游戏不断发展，从益智游戏（如纸牌、扫雷），发展到《仙剑》系列；由单纯的技巧操作，升级到内容更丰富的平台，包括剧情体验、副本操作和不同难度的任务等；人物角色从简单设计，升级到独特的外表和性格特征，同时具备丰富连贯的背景；背景画面从 2D 平面的粗糙画质，升级到 3D 画面，更显立体、逼真、精美和真实；游戏形式从玩家的个人体验，升级到一对一的对抗模式，再到网络上的团队作战；游戏系统从只有副本和任务本身，升级到各种金币系统、社交系统、换肤系统……这些元素综合在一起，大大提升了游戏的娱乐性。PC 时代的热门游戏如图 3-1 所示。

👥 一、独乐乐不如众乐乐：从网络游戏到电竞产业

游戏世界发展的一个重要节点是互联网的发展。20 世纪 90 年代，游戏大部分是单机版游戏，玩家的对手只是电脑程序，游戏进程也是预先设计好的。随着

网络游戏的兴起，人们可以共玩游戏，游戏进程不仅取决于游戏本身，还取决于队友和对手——网络另一端的真实玩家。

图 3-1

第一批比较火的游戏之一是 21 世纪初的《联众世界》。虽然该游戏是棋牌类游戏，在如今看来并无太大乐趣，但那时足以让人感到新鲜：人们第一次发现与其他人下棋时，不需要面对面坐着，也不需要真实的棋盘和棋子，只需要电脑和网络即可。之后，《传奇》引爆了网络游戏市场，游戏角色可选择不同的职业进行战斗和交易，在打败怪物后可通过获得经验值来升级，玩家之间也可以互相竞争，新颖的玩法和冒险性的故事背景吸引了众多玩家。至此，游戏产业蓬勃发展，从产业发展的角度来看，围绕网络游戏产生的新生态开始生根发芽。

多人战斗类游戏《Dota》及后来《Dota 2》的诞生，开启了网络游戏的全新玩法。不同于《传奇》里的玩家可自己选择职业，多人战斗类游戏有很多英雄角色可供选择，丰富的人物设定和外观，让每个英雄角色都有不同的技能和侧重点。这类游戏并没有强调剧情和玩家交互，而是以组队的方式进行在线战斗。这类游戏激发了人们的合作欲：一方面可以不断吐槽队友；另一方面依然能够乐此不疲地沉溺于游戏。

多人战斗类游戏的发展，让游戏产业链有了创新之处——电竞诞生了，并且发展成为规模化的产业，开展了正式比赛，成为一项世界性的体育项目。2021 年 11 月 7 日，在英雄联盟比赛 LPL 中，中国队伍 EDG 打败了韩国队伍，取得冠军，引发了全网的热议和狂欢，仅在视频网站哔哩哔哩上就有 3.5 亿人观看了比赛直播。实际上，随着游戏产业的热度上升和职业化发展，许多国家先后把电竞列入官方的体育项目名单，同时专业的电竞俱乐部和联赛机制纷纷出现。虽然人们对电竞是否能够完全实现体系化和专业化一直有所争议，但从人们的认知来看，电竞产业化的确改变了人们以往的看法，使得越来越多的人观看甚至参与到电竞中来。截至 2020 年，中国电竞用户数量已突破 4 亿人，占全球总数的 25%，是全球电竞产业最大的市场。

2018 年，《王者荣耀》入选雅加达亚运会电子体育表演项目。2019 年，我国正式将电竞运营师、电竞员等相关行业列入职业名单。2021 年 11 月，《英雄联盟》《王者荣耀（亚运版）》《和平精英（亚运版）》《炉石传说》《Dota 2》《梦三国 2》《街霸 5》和《FIFA Online 4》8 个项目入选第 19 届杭州亚运会电竞小项。

扩　展　阅　读

　　运营一家电竞俱乐部如同运营一家足球俱乐部一样，需要完备的团队和成熟的组织模式，如运营团队、行政管理团队、后勤保障团队、品牌推广和经纪团队等。在产业链端，整个环节的配合更加严密。产业链的核心是电竞俱乐部及比赛组织方的电竞联盟，上游是电竞产品生产商和场馆建设、管理方，下游是电竞周边服务商，包括广告、衍生品、运动员经纪等。产业链中还包括配套的服务体系，如电竞直播、电竞信息服务、针对运动员和教练的电竞培训等。电竞产业的逐步完善和扩展：一方面增加了电竞品牌的认知和影响力；另一方面增加了就业机会，在宏观经济中添加了新的增长引擎。

电竞的产业化高速发展是以网络游戏的诞生及发展为前提的，未来的发展也离不开游戏本身的迭代和走向。因此，电竞产业在未来发展的过程中将面临如下挑战。

- 第一个挑战在于游戏本身能否受到玩家的欢迎。目前，市场上主流的电竞游戏包括《英雄联盟》《Dota》《守望先锋》《王者荣耀》等。这些游戏的热度能否持续，将极大影响对应竞技领域的发展状况。
- 第二个挑战在于社会环境，虽然人们对电竞的接受度正在逐步提高，但青少年沉迷于网络游戏及未经允许在游戏中充值等事件，仍然影响着游戏的"命运"。
- 第三个挑战在于新兴产业的通病——标准的制定和规范的管理。未来人们需要注重对电竞标准的制定和研究，包括对俱乐部管理标准的研究和制定，在运营模式、管理方式、治理和监督、商业化和投融资等方面，帮助俱乐部明确自身责任，提高观众的观看体验和给予更多的参与感。

元宇宙体系的建立，会让电竞产业产生新的发展空间，并将步入新的发展阶段。例如，未来的游戏比赛可在元宇宙中进行，人们可"近距离"地观看比赛。围绕这些场景或许会延伸出更多的电竞细分产业，未来也将有更多的人成为元宇宙的电竞从业人员。

二、游戏中的故事：一段剧情，一种人生

1995 年，《仙剑奇侠传》火遍大江南北。在游戏中，玩家不仅需要面对各种剧情，与迷宫中的一只只怪物"战斗"，获得经验值、提高等级、学习新技能，还需要不断通过收集材料和道具、制作装备和武器来武装自己。虽然《仙剑奇侠传》的故事不是来源于现实生活，但因为游戏中的人物各有性格、情感、故事，从而让游戏本身丰满起来。人们这才发现，原来游戏也可以有生命和情怀。

2001 年的《红色警戒：尤里的复仇》讲述的则是另一个故事。尤里在逃脱盟国的抓捕后，启动了在大战期间悄悄搭建在全球各地的心灵控制器，企图控制全人类的心灵。此时，人类反抗为时已晚，唯一的办法就是利用时间机器回到大战

初期，改写历史。在这一系列游戏中，既可以选择扮演盟军，也可以选择扮演尤里。不同的角色视角对应不同的剧情，也有不同的任务目标。此游戏剧情立足于整个人类的视野，以战争为切入点，探讨战争与和平、人类价值观和心灵归属感，让游戏变得更有意思。

故事线和故事背景的出现，让游戏的价值变得有所不同，就好像在不同的世界里体验不同的人生，或是在虚拟空间中找寻精神方向，人们对游戏的理解开始更加多元化。

如果说看电影是在观看别人的故事，那么在游戏中，玩家就是在体验不同的人生。游戏中的不同操作或选择，会影响角色的命运，就像现实生活中人们也常常需要作出选择一样。"代入感"是人们在游戏中寻找的精神寄托之一，即使是在战争题材的游戏中，如《英雄联盟》《王者荣耀》等，每个英雄也会有自己的故事背景和人物性格。游戏中的"代入感"可以称之为一种新的人文精神，人们要在故事中不断了解自己。

到了元宇宙时代，剧情类游戏将会有极大的发展空间。元宇宙体系提供了高仿真的环境，使得人们能代入的不仅是情感，还有物理空间中的体验，包括触觉、听觉、嗅觉、味觉等。以往是对着电脑屏幕进行战斗，但在元宇宙体系中，嚣张的小怪物就在你的身边，或许会时不时地吓你一跳，从而令你更加专注地投入"战斗"，获得更大的成就感。以往出现在屏幕里的 NPC（非玩家角色）人物，未来他就站在你的身边，如同在现实世界中遇见的好友一样，你会把他当成现实世界中有生命、有灵魂的人，你们之间的互动也将变得更加深入和真实。

游戏的剧情作为内容的承载者，将为未来元宇宙游戏的发展奠定坚实的基础，而技术的发展则会让未来元宇宙游戏的综合体验感得以提升。

三、Z 世代人群更追求视觉的精美度

Z 世代人群是指伴随着电脑应用和各种游戏长大的一群人。他们从少年时期就开始面对爆炸般的信息量，感受层出不穷的游戏体验。随着游戏技术的不断发

展，以及在现实世界中物质的不断充裕，Z 世代人群对游戏审美开始有了新的追求。过去粗糙的画质、画风已经不再受到喜爱，Z 世代人群更追求视觉的精美度。视觉精美度的变化涉及两个层面：画面的维度和画面的精细度。

● 画面的维度。画面的维度就是常常提及的 2D、3D 等。2D 是指平面影像。在 2D 游戏中，人物只能在平面方向上移动，不能转动视线，虽然场景中有布景，但楼房、街道仅是平面图形，相对简约和单调。3D 是在平面坐标系中加入了第三个维度，形成一个立体式的模型，在 3D 游戏中，人物不再是扁平的"纸片人"，而是有高、有矮、有胖、有瘦的具象化人物，转动视线时如同在现实生活中通过转头查看不同的物体一样，场景中的楼房和街道就像真实存在般，有立面、有厚度。在游戏开发的道路上，人们从 2D "走"到 3D 并不是一蹴而就的，中间虽然也经历了 2.5D、2.8D 等过渡阶段，但终于实现了维度上的突破。

● 画面的精细度。早期的《超级玛丽》《街头霸王》等街机游戏中的人物，是由一个个色块拼接而成的，如同拼图一般。虽然现在也流行"像素风"，"像素"小人也有别样的可爱，但形成这一风格的最初原因是画面的分辨率不够。分辨率是指画面中显示的像素数量。像素越多，游戏画面的精细度就越高，画面看起来就越清晰。在提高分辨率后，实际上就是用更多的小色块去描绘画面，画面当然也会更加清晰和好看了！

其实，人们对游戏的需求具有阶段性的特征：随着互联网从 1.0 时代过渡到 2.0 时代，商业模式随之调整，游戏内容随之升级，人们在互联网世界中的消费习惯也在随之更迭。

● 游戏在最开始时只是"简单粗暴"地满足娱乐需求，内容和场景相对单一。

● 之后融合了社交元素，一步步深入人们的社交场景、生活场景，将人们的诉求场景化和智能化，使得游戏成为人们生活的一部分。

在有了以上基础后，更迭到互联网 3.0 和元宇宙中的游戏，是不是更令人期待呢？

当然，游戏界面的发展还包括很多其他要素，例如，人物形象的塑造更加多元、背景取景更加细致、人们的审美标准不断提升等。当立体度和精美度二者结合、共同进步的时候，效果就变得更加明显，尤其是对于连载时限较长的系列作品而言。例如，《古墓丽影》《模拟人生》这类长盛不衰的游戏，在其最初的版本中没有精美的人物脸型、衣着，按钮也比较粗糙，到了后期，游戏的每个细节都有了更饱满的色彩、更流畅的线条，配合更加精彩的剧情，从而带来了更好的游戏体验。

以上这些多元功能、多元体感和多元感受均可在元宇宙中实现！元宇宙的渲染和仿真会带来前所未有的精美画面，就像现在的数字模拟人，能细化到皮肤上的斑点和细碎的绒毛。元宇宙中的画面，不仅有着细腻的细节表达和丰富的色彩，而且人物也会有不同的姿势、动作、语言、神态。元宇宙中的环境，拥有更加逼真的画面。例如，一年四季的风景和气温的变化：春季花开的香气和清风拂过的触感；夏季的艳阳和美妙冰淇淋的味道；秋季金黄的落叶和人踩在落叶上的踏实感；冬季滑过鼻尖的冷风和松软的雪球……只要能想到，在元宇宙中就能实现！

四、更丰富的系统：紧密连接玩家的心理体验

在游戏发展的过程中，随着游戏种类变得越来越丰富、玩家的口味变得越来越"挑剔"，游戏设计的方式也变得越来越多样，游戏系统开始朝着新的方向发展。

什么是游戏系统？其实就是建立在游戏载体上的商业模式。

- 交易系统：例如，在《仙剑奇侠传》中，可以找 NPC 购买物品，也可以跟其他玩家交易，就像现实生活中的集市一样。这些系统大大丰富了游戏的可玩性，游戏不再是单纯地完成任务、取得战斗的胜利，而是更多地与人互动。丰富的游戏体验让人想花费更多的时间去享受这个过程。

- 社交系统：游戏里的"力量"排行榜和朋友功能为游戏注入了社交属性。在"力量"排行榜中可以看到玩家和朋友的"力量"对比：如果游戏中的朋友是现实生活中的好友，那肯定希望好友能看到玩家的优秀；如果游戏中的朋友是陌生人，那更不愿意输给陌生人。因此，这个功能会激发玩家的胜负欲和表现欲。

- 商城系统：用于购买道具和装备。有些道具能让游戏中自己的战斗力更强，有些物品用来辅助战斗，有些则只起到装饰作用。商城系统增加了游戏的真实性，满足了玩家"变得更好"的需求，不论是人物外观，还是游戏技能，玩家都可以通过装备让游戏中的自己变得更好。

- 打卡系统：用于激发玩家的满足感和成就感。游戏中的打卡系统一般设有奖励机制，连续打卡的天数越多，发放的奖励越有价值。当玩家通过坚持打卡拿到奖励时，内心会产生满足感和成就感。这是一种自我认可的心理特征，能"激励"玩家继续投身于游戏之中。

- 任务系统：在玩家达成某些目标后，任务系统会给予一定的奖励——有时候是装备和游戏中的金钱，有时候是经验值。这不仅能让玩家收获心理上的成就感，还会获得成长感——这是一种非常重要的心理体验。玩家在游戏中变得越来越强大的过程，也是一个自我成长、自我蜕变的过程。

随着系统越来越丰富，人们对游戏的心理依赖会越来越强。这个现象本身并无好坏之分，而是一种正常的心理现象。实际上，人们要认识到，玩游戏也是认识自我、发现自我的一种方式，可从不同的角度去理解游戏系统的设定和自身的心理状态。到了元宇宙时代，人们更能通过游戏的方式发现和提升自我，游戏内容的扩展、游戏体验的进步，会让人与人之间的联络变得更加紧密，也会更加深入人们的内心深处，挖掘精神需求和自我价值。

▶ 第二节　移动互联网时代的游戏：社交神器

一、游戏社交属性的出现与成长

2001 年，一款名为《热血传奇》的游戏发行，很快引发了热潮。人们惊喜地发现：在游戏里不仅可以拜别人为师或收徒，甚至还可以与人结婚。此时，现实生活中的人们还没有完全了解"社交网络"这个词，但在游戏中，人们的社交需求已经显现出来了。

2004 年，一款火遍全球的游戏《魔兽世界》开启公测。在《魔兽世界》中，玩家扮演的是一个名为艾泽拉斯的探险者，由于玩家在探险过程中会遇到很多难题，因此会不断与其他玩家交流或寻求帮助。慢慢地，人们发现，在游戏中，人与人之间也可以通过这种方式建立联系甚至获得友谊。

2008 年，QQ 空间里的一款游戏《QQ 农场》火遍大江南北，同时覆盖了老中青人群，成为当年不折不扣的"国民级"游戏。游戏以农场为背景，玩家扮演一个农场的经营者，完成从购买种子到耕种、浇水、施肥、除草、收获果实，再到出售给市场的整个过程。因为 QQ 空间是当时最流行的社交平台之一，人们可以在 QQ 空间中展示自己、与朋友交流互动，而根植于 QQ 空间的农场游戏就自然而然地获得了社交属性。

当移动互联网时代到来之后，手机游戏逐步兴起，人们开始更加注重游戏的社交属性。例如，《神庙逃亡》《愤怒的小鸟》《忍者切水果》等游戏可以让手机通讯录中的好友看到彼此的积分，以潜移默化的方式进行社交。

二、游戏社交：在虚拟空间中相逢相知

游戏的设计不仅体现在团队作战上，随着游戏产业的不断细化，也出现了其他模式，如分享游戏内容、邀请好友参与等。这些功能和体验在游戏中变得越来越重要。例如，Meta 公司的游戏《Farm Ville》，能够用送礼物的方式邀请朋友加入游戏，既能起到传播效果，又不会冒犯真实世界中的朋友，同时也能让朋友了解玩家的"战绩"，增强玩家之间的互动。《Farm Ville》还有社区模式，即通过社区不断吸纳新成员，从而形成一种持久的游戏模式。即便玩家一段时间没来"光顾"，农场依然在等着你，依然可以找到你的好友！

在以往的单机游戏中，玩家代入的是游戏角色和本身的剧情。例如，在《仙剑奇侠传》中扮演李逍遥，在《古剑奇谭》中扮演百里屠苏……玩家体验的仍然是别人的人生，人物性格和偏爱都是事先设定好的，玩家能改变的只是一部分情节。在网络游戏中，玩家不用扮演任何角色，虽然有着不同的皮肤和装扮，但人物内核是玩家自己，与玩家交互的也是真实的人。因此，人与人之间的情感纽带会被强化，玩家对游戏的感情也会变得更加清晰和深刻。游戏的社交属性强化了游戏中人的因素——人比机器更加多元和有趣。换句话说，虽然游戏会随着不同版本的更迭增加更多功能、更改画面和人物，使其变得更为有趣，但社交属性的重要性和不可替代性是不会变的。

2015 年，《王者荣耀》诞生，成为新一代"国民级"手游，在 2018 年的手游市场中的渗透率达到了 17.36%[1]，稳居手游类 App 第一的位置。《王者荣耀》的火爆让人们对社交游戏有了全新的认识。

- 在玩法上，人们从《王者荣耀》开始学会了团队作战，不仅讲究互动和配合，还讲究角色的搭配和战术的执行。

- 在内容设计上，不同的英雄有不同的优势和短板，同时丰富的故事线和人物设定也很容易让人产生情感共鸣，而不是单纯地把英雄当成作战工具。

- 在社交层面上，《王者荣耀》以线上、线下相结合的方式，提高了游戏社交的效率。人们不仅可在网络上互相配合，也可约上现实中的三五好友一

1　数据来源：极光大数据《2018 年手机游戏行业研究报告》。

块儿参与游戏。同时，借助空间定位和同一英雄的排名机制，激发玩家的好胜心和成就感。

自此，游戏的社交属性被人们彻底认可和理解。

在元宇宙世界中，游戏的社交属性将会被进一步放大。因为元宇宙不仅拥有更广阔的用户群体，还具有无限扩展性和开放性的平台，让人们能够充分自我发挥和自我表达。如果说如今的社交游戏是人们在游戏框架中，利用现有的工具产生社交链接的话，那么元宇宙世界中的社交游戏，就是给予人们无限的空间和广阔的土壤，让人们自己去探索、挖掘社交属性和价值。未来的元宇宙游戏社交，不需要被定义为熟人社交或陌生人社交，也不用在给定的故事框架中寻找"英雄"，每个人都可以是故事的编辑者和创作者，都可以在元宇宙世界发挥更大的价值。

三、模拟人生类游戏：你的第二种人生

模拟人生类游戏是让玩家在虚拟空间中重塑一个自己。与现实生活中相同，玩家需要劳动、工作或社交，需要赚钱或收集资源来"养活"自己。模拟人生类游戏之所以受到欢迎，是因为它为人们提供了一个自在生活的空间，在这里，不必像现实生活中那样，为房贷、车贷和工作压力所困扰。

在这里，人们可以选择做一个带领大家不断前行的英雄，也可以选择"躺平"，安然地"偷得浮生半日闲"。

游戏《摩尔庄园》就是一个突出的例子。在《摩尔庄园》的故事线中，原本摩尔和植物精灵拉姆生活在美丽的黑森林里，一场大火吞噬了摩尔赖以生存的家园。在么么公主的带领下，大伙儿开始重建家园。在《摩尔庄园》中，玩家既可以相互打招呼，拜访对方的小屋，一起听歌、跳舞、玩游戏，也可以组成"班级"，收养宠物拉姆。当然，玩家必须好好照顾它，定期投喂食物、定期清洁等。游戏里也有任务系统，玩家通过完成指定的任务来获取奖励和回报。

这类将一部分真实生活中的场景搬到游戏中的"模拟人生"令人欲罢不能：不仅有可爱的画风，还能与朋友互动。不同于战斗类游戏的激烈，平和类的游戏体验也是一种别样的乐趣。另一款社交性极强的游戏《动物之森》则呈现出另一个特点——游戏 IP。

实际上，《动物之森》系列已经风靡了 20 多年，可以说是常盛不衰，如今"新瓶装旧酒"，一经发售，再次引爆全球：在日本，销量达到 250 万套；在英国，刷新了 Switch 游戏的纪录；在美国，登顶亚马逊销售榜……《动物之森》的成功，在于利用社交属性，唤起玩家的情感依赖和链接，同时强大的社交属性提升了 IP 的情感价值。在《动物之森》里，人们可以自由地砍树、钓鱼、制作工具、设计服装、种植花卉等，也可以与现实生活中的好友串门互动，还可以选择当一名"懒汉"，无所事事地闲逛。不像任务型游戏一样，玩家需要通过完成任务来获取奖励，被任务捆绑或裹挟。《动物之森》给人的感觉是既开放又自由，人们不仅可以慵懒地、单纯地玩游戏，还可以在游戏中脑洞大开，装点自己的岛屿。

风靡很久的《模拟人生》系列游戏则直接在游戏中复制了整个人生：有宠物生活、大学生活、外出度假、职场生活；可以处理日常的各类琐事；可以去社交，认识周边的朋友，邀请朋友到家中做客、开派对；可以跟关系不好的人吵架；可以在意中人出现后展开大胆的追求；可以经历职场的升迁和变化；可以体验结婚、生子，在有了孩子之后，必须时刻照顾他们，给予足够的关爱和教育，安排他们上学和做作业……这一切真实到不像是游戏！

《模拟人生》系列游戏之所以长盛不衰，不仅因为游戏内容深入日常生活中的每个细节和每个重要的人生节点，还因为在真实生活的基础上，增加了许多人文关怀和真实情感。例如，对宠物的关爱，孩子生病后父母的焦急和不安，职场变动后内心的彷徨。不同的玩家可有不同的性格，有些人愿意去社交，有些人倾向于安静地在院子里种花、画画……这些内容体现的是人们内心对关爱和理解的需求，哪怕在游戏里，也想要一个能治愈和慰藉心灵的空间。

▶ 第三节　元宇宙时代的游戏：生活游戏化，游戏生活化

👥 一、当游戏走入寻常百姓家

移动互联网时代来临之后，人们倾向于用手机上网。随着单局游戏时间变短、移动设备普遍化、游戏玩法多样化等因素，玩游戏变成了一件越来越日常的事。不管是在公交地铁上、排队等候期间，还是周末休息时，人们可以随时随地打开手机或小巧的游戏机，独自或三五好友组局开启游戏之旅。2019 年，我国的移动游戏用户已达 6.6 亿人，占整体网民数量的 77.92%。其中，90 后以玩游戏作为主要休闲方式的比例高达 38.9%[2]。游戏对于人们来说，不再是以前那种影响学习、不务正业的"洪水猛兽"，逐步回归到娱乐休闲的本来意义。对于不同类型的游戏，人们的偏爱也有所差别。调查显示，人们更倾向于休闲游戏和益智游戏等轻度游戏，不论在使用次数占比、有效使用时间占比还是平均单次使用时长方面，都远远超过其他类型的游戏。各类型移动游戏用户的使用情况分布如图 3-2 所示。

👥 二、轻度游戏：轻松自在，玩家最爱

从游戏类型来看，各类休闲小游戏的市场表现优异。例如，棋牌类、连连看、消消乐、换装游戏等，因简单易玩、耗时短而广泛"驻扎"在人们的手机里，甚至有的 App 开发出了相关小程序。从统计数据来看，2020 年，棋牌类游戏在所有游戏中占据用户的时间最多，比例高达 10.2%，游戏单次时长高达 13.6 分钟，位居所有游戏之首。

2　数据来源：艾瑞咨询《2019 中国移动游戏行业研究报告》。

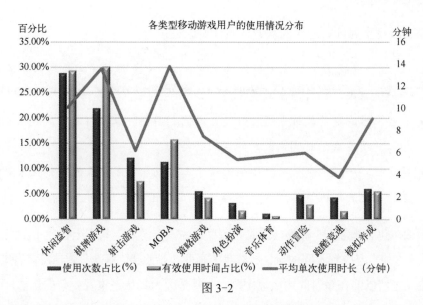

图 3-2

从游戏场合和地点来看，高达七成的用户选择在假期时玩游戏，而最受欢迎的场合是在家里。

从游戏时长来看，从 2017 年开始，游戏日均用户时长是逐年增加的。以休闲游戏为例，截至 2019 年第三季度，游戏日均用户时长约为 57 分钟[3]，如图 3-3 所示。

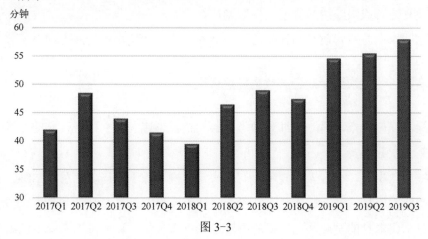

图 3-3

---

3 数据来源：艾瑞咨询《2019 中国移动游戏行业研究报告》。

轻度游戏受到玩家的普遍欢迎，主要原因有：

- 体积小、加载快，玩家无须等待太长时间，尤其是对于手机性能并不是很好的玩家来说，轻度游戏更友好。
- 游戏属性决定其能够见缝插针地让人们利用各种零碎时间休闲娱乐，不必担心一局游戏的时间太长而耽误别的事情。
- 不烧脑，一般来说技巧性不强，对于工作或学习了一天的疲倦玩家来说，是个很好的休闲娱乐方式。

例如，包含爆款 H5 游戏《合成大西瓜》的微伞游戏，共有上百款小游戏，包括三消、方块、合成等不同的玩法。游戏的画面包括水果、蔬菜、弹珠等多种要素。微伞游戏之所以能在短时间内火爆全网，主要是因为其从不设置复杂的玩法，玩家的注意力只需要放在一些操作时机和小技巧上，从而营造出"沉浸感"和"专注感"。即使在一盘游戏失败或取得不尽如人意的分数时，玩家仍然可以继续开始下一盘游戏，不需要退出游戏。通过这种方式，微伞游戏迅速征服了玩家的心。

类似于微伞游戏这样轻度游戏的走红，充分体现了部分玩家的心理需求：在游戏中不断挑战自己，取得更好的成绩，不必拥有高超的游戏技巧和能力，也不必反复练习或跟随游戏进度去揣摩剧情。

这些新的游戏特质，与元宇宙系统的 6 个特征和未来的发展方向是一致的。

👥 三、二次元游戏：游戏也能这么玩

除了轻度游戏，另一个细分种类的游戏正在迅速发展并抢夺玩家的注意力，那就是二次元游戏。

提起二次元，很多人比较陌生。二次元的概念源于日语，意思是二维。日本动漫产业发展早、产业链成熟。动漫的主体表现形式是"二维"，即"二次元"。随着亚文化本身的发展，二次元的内涵也在不断变化。目前，二次元不仅涵盖了动漫和漫画作品本身，还寄托了人们的情感和思想观念，以及对现实生活的思考。

人们在虚拟的世界里构建了一整套价值体系和天马行空的想法。

二次元游戏是以二次元世界中的价值观为基础发展出来的各类游戏。知名的二次元游戏包括《崩坏》《明日方舟》《碧蓝航线》《原神》等。

- 游戏玩法。轻松愉悦，重视剧情、虚拟人物的设定和塑造，以及用户的沉浸式体验与精神上的获得感。

- 风格设计。二次元游戏的画风比一般游戏更为考究、细致，除了常常讲到的剧情和虚拟人物，二次元游戏常采用动漫风格的美工、人设和背景音乐，有时候还会为虚拟人物配音，让虚拟人物的层次更加丰富，让人不由得把虚拟人物视为有生命、有思想、有性格的人。

- 内容体系。不仅包括完整的虚拟空间世界观和时间线，而且，呈现出的剧情或故事还包含某些精神内核，玩家可以在游戏中慢慢感受。这种精神内核的传递，有时候是通过游戏剧情的不断推进实现的，有时候是通过虚拟人物本身的成长变化实现的，有时候是通过玩家之间的交流和协助实现的，甚至有时候是通过玩家个性化的需求实现的。例如，收集更多虚拟人物、为虚拟人物打造不同的装备和外观等。通过这样的交互式体验，玩家能够获得更深层次的代入感，体验虚拟人物的人生和故事，经历虚拟人物的悲欢离合。

扩　展　阅　读

在很多人看来，二次元游戏不是主流，认为二次元是从日本传过来后，我们学习、模仿之后的产物。实则不然，日漫风格只是二次元游戏的"形式"，不是内容或核心价值。实际上，二次元游戏为游戏行业指明了一个新的发展方向——情感。

> 游戏产业走到现在，已经不再是冷冰冰的计算机技术和网络技术的产物，而是可以给人们带来更多的情感和精神需求、寻找和认知自我、感受温暖和治愈心灵的家园，是未来的游戏开发者在设计时的重点。

二次元游戏进入元宇宙世界后会呈现何种面貌呢？二次元游戏与元宇宙能否碰撞出新的火花呢？对此人们可以展开无限联想：在未来的元宇宙世界，人们可以和自己喜欢的虚拟人物相遇，不再是以读者或玩家的身份去交流，而是以自己的思维和想法与虚拟人物互动。这一切，都有无限可能。

四、家庭设备+云游戏：生活、娱乐密不可分

除游戏本身的内容外，云游戏和游戏装备的不断升级，也让玩家更加沉浸于游戏世界。云游戏是建立在云计算基础之上的游戏系统。传统的游戏需要下载到电脑或手机中，并用游戏引擎（类似于汽车发动机）带动游戏运转。云游戏无须下载，"发动机"和整个系统全部置于云端。玩家不必担心电脑性能"带不动"游戏，或者因游戏"体积"太大而影响运行速度。云游戏的发展让玩家有了更多选择。目前，市面上已有腾讯即玩、GameMatrix、咪咕快游、天翼云游戏等多款云游戏供玩家选择。

云游戏的出现，大大减轻了玩家的负担，加强了游戏体验：首先，即便是普通手机或电脑，也能让玩家开启游戏；其次，不再为游戏"掉线"所困扰，游戏的画面和运行速度有了保障；最后，云游戏打破了硬件设施的界限，手机上云存档的游戏，换成 iPad 后依然可以继续玩，不用再开一个新账号。

云游戏与家庭设备结合，可实现跨终端使用（既可以把云游戏投放到大屏幕上体验，也可以利用手机、VR 眼镜和游戏手柄来体验），不仅让玩家有了更多选择，也给游戏厂商、设备厂商提供了巨大的商机和市场。未来的设备厂家不仅需要考虑设备本身的技术问题，还要考虑设备和云游戏的匹配度，尽可能提高画质，降低延迟性，保持良好的操作性和手感。

云游戏和家庭设备结合，可给人们带来极大的想象空间。随着硬件设备的不断更新迭代，以及网络信息技术的不断发展，网速会变得更快、网络承载能力变

得更强，直到网速不再是人们担心的问题时，游戏将回归设计本身，即游戏厂商会将注意力重新放回游戏内容、玩法的设计上。这是技术带来的变革和进步。

但人们也要认识到，目前的云游戏和配套设备还有很长的一段路要走。目前，有三个方面的问题亟待解决：首先是硬件设备方面，随着云游戏的内容变得越来越丰富，硬件运行内存、硬盘容量、设备安全性、设备稳定性、设备的用户体验感等都需要相应提高；其次是软件方面，游戏厂商需要不断调整自身的设计和开发思路，在游戏内容的设计上投入更多精力，综合考虑游戏画质、运行设备和跨平台操作等要素；最后是成本控制方面，由于云游戏相较于一般的电脑游戏或手机游戏，在开发成本、开发周期、升级迭代等方面需要更高的成本，在运营推广和用户体验上也具备不同的特质，因此需要游戏厂商提前布局和准备。

▶ 第四节　NFT 破圈：玩儿也能赚钱

👥 一、区块链：NFT 开始的第一步

在互联网产业欣欣向荣发展之时，网络安全开始成为一个新的议题。其中，有些问题格外引人注目：如何保护信息？能否不让陌生人随意修改信息？

答案是能。2008 年，一位名叫中本聪的人发表了一篇名为《比特币：一种点对点式的电子现金系统》的论文，首次让比特币这个概念走入大众视野。当然，其中最重要的信息不是比特币，而是使用区块链进行信息传递的技术逻辑。区块链的概念于 2010 年被正式提出，简单来说，就是通过分布式信息存储，在交易或信息传递时，让所有的节点都参与监督过程，当有人试图篡改信息时，只有能够控制全网绝大部分的节点（可能性很小）才能完成，从而保证"上链"信息不被修改。

例如，以往人们把数据存储在自己的电脑中，任何使用电脑的人都可以修改数据；若把数据存储在网络中，则网络黑客可破解网站或网盘，删除或修改数据。区块链采取分布式信息存储方式，任何"上链"信息都存储在不同的节点上，任何人想要更改、分割或盗用信息，都必须同时在大部分节点上操作，也就是说，必须是一个能够攻克大部分电脑的超级黑客才能完成！

区块链具有四大特征：

● 一是分布式账本，即通过分布式存储的逻辑来保证信息不被篡改。

● 二是非对称加密，信息使用者的身份是加密的，只有被授权时才可使用。

● 三是共识合约，所有的信息节点会"达成"共识，保证监督行为是一致的。

● 四是智能合约，在既定规则下，各个节点各司其职，保证整个流程通畅。

在比特币诞生之后的很长一段时间里，区块链和比特币被认为是一种炒作工具，不具备实际落地的价值。随着区块链技术的成熟，以及人们对区块链认识的加深，各种应用场景逐步浮出水面：

● 2012 年，爱沙尼亚政府将区块链纳入数字 ID 建设体系中，成为第一个官方支持区块链发展的地区。

● 2013 年，德国承认比特币合法，同一年以太坊发布白皮书。

● 2015 年，VISA 欧洲区采用区块链汇款。

随着区块链技术越来越成熟，人们开始尝试将其应用于更多场景——NFT（Non-Fungible Token），非同质化代币就是其中的一种：2018 年，基于区块链产生的、全球最大的 NFT 交易平台 OpenSea 诞生；2020 年，中国正式将区块链纳入数字化基建体系；2021 年，NFT 交易平台 Yunb 上线。尽管 NFT 只是区块链技术的一种应用场景，但是相信在不久的将来，基于整个互联网 3.0 的网络环境，会产生更多传统产业转型和新经济的可塑空间。

NFT 是一种以区块链为基础的加密数字权益证明，具有不可篡改性、不可复制性、不可分割性。由于区块链可保证信息的安全性和稳定性，因此，从逻辑上说，

NFT 以区块链作为基础，是非常可靠的数字凭证，其主要作用是将区块链和有价值的资产联系在一起。换句话说，区块链技术本身只是一种工具，若想完成交易和实现价值，需要经过中间环节。NFT 就是这个中间环节。

NFT 可对标的物进行映射。例如，虚拟平台中的资产（游戏皮肤、人物工具等），NFT 可将它们的内容、价值和历史交易信息等记录在智能合约中，在区块链的指定位置生成一个编码。这个编码是独一无二的，谁都不可以篡改。NFT 利用区块链的特质来保护虚拟资产，让其变得不可分割、不可篡改，并且只有唯一的编码，具有相当强的防卫效果。

扩　展　阅　读

NFT 作为数字权益的凭证之所以如此重要和实用，是因其可解决一个难题：知识产权，尤其是对虚拟产品的知识产权界定和保护。NFT 的出现让人们发现：原来数字资产也可以被很好地确认和保护，之后人们更加积极地探索虚拟资产世界，开发出了更多新场景。

NFT 若要发挥作用，也需要基于体系实现：

● 首先是以区块链技术为核心的底层技术、开发工具，与侧链、钱包和存储等功能结合起来，形成 NFT 体系的基础设施层。

● 其次是通过各种协议构成一级市场（例如，与虚拟艺术藏品结合生成的艺术品 NFT 市场、与游戏结合生成的游戏 NFT 市场）的协议层，可通过一级市场的交易发挥价值。

● 最后是应用层，通常是 NFT 的流通市场，包括泛二级市场、垂直领域和金融衍生品市场。

通过 NFT 的构建，虚拟资产的世界开始充满创造力，完美融合科学和人文精神。借助 NFT，人们有了很多艺术创作：2021 年，NFT 行业出现了一波热潮，《Everydays: The First 5000 Days》被拍出了 6934 万美元的高价，各界明星和网红在 Ins 上晒出自己购买的 NFT 产品，使得 NFT 也成为一种潮流。截至 2021 年 9 月，NFT 的市场交易总额高达 28.42 亿美元，总市值超过 450 亿美元[4]，主要涉及的产品包括收藏品、游戏、艺术品、域名、金融产品和其他一些虚拟产品等。

虽然很多人对 NFT 充满热情，但正如区块链刚刚诞生之时，人们担心"炒币"现象一样，也有很多人对 NFT 存在的炒作问题提出了担忧和警告。不过，任何新生事物都有完善的过程，NFT 已经成为一种趋势，是后续"游戏玩下去"的基础。

二、NFT 案例：分布式技术下的艺术升华

在现实生活中，艺术大咖的作品往往能拍卖出很高的价格，在虚拟空间中也是如此，或者说，未来也将如此。数字艺术品是有价值的，NFT 可让这些艺术品具有产权证明，并能利用量化方式来证明这些价值，以便保证人们"买"到的数字艺术品是正品，不是赝品。正如以往人们的交易需要"白纸黑字"的合同或协议来进行确认一样，NFT 也是一种数字化的确权方式。

美国艺术家 Mike Winkelmann 的作品在线上拍出了约 4.5 亿元人民币的天价。这幅作品是他在 5000 天内创作的建模插画合集。这一案例说明数字艺术品是有价值的。未来，既可用数字金融资产来管理币值，也可用数字金融资产进行金融管理决策。换句话说，就像现实生活中的古董爱好者、收藏家一样，可以将数字艺术品的艺术价值转化为金融价值。

国内的互联网企业也在 NFT 领域不断试水：阿里巴巴曾在 2021 年 6 月推出支付宝付款码的 NFT 皮肤，一经推出便广受欢迎，旗下的天猫平台也曾推出 NFT 双十一元宇宙艺术展，把传统的购物节与 NFT 结合起来，制造营销热点；腾讯推出"幻核"NFT 交易平台，首期发售了限量版的"有声《十三邀》"NFT 产品和

---

4 数据来源：天风证券《2021 年 NFT 行业概览：文化与社交的数字确权价值》。

发行了腾讯 23 周年纪念数字藏品；京东在 2021 年 JD Discovery 京东全球科技探索者大会上推出了 NFT 纪念凭证；字节跳动推出首个 NFT 产品 Tik Tok Top Moments……显然，国内的互联网企业已经注意到 NFT 的发展趋势，表现出愿意尝试的倾向，只是目前并没有大规模推广和应用。

在技术不断发展和未来政策更加明朗的前景下，未来此类案例将会变得越来越常见，数字艺术品将会被人们慢慢接受，成为类似于美术馆中名画一样的作品。不仅如此，随着人们对数字领域的不断探索，NFT 会与更多的领域融合，产生更多的价值和更多的参与者。

三、看到的元宇宙只是数字世界的冰山一角

从 NFT 出发，虽然元宇宙世界广袤无垠，就好像一片辽阔的草原，但实际上人们无法看到草原的边界，正如无法看到浮冰下的部分冰块一般。元宇宙，只是数字世界的冰山一角！

这并不是在否认元宇宙的意义和价值，而是想说明，元宇宙精彩纷呈的画面、游戏其实只是前端表现层，人们用眼睛能直接看到、用耳朵能直接听到、伸手能直接感受到，在前端表现层之下，还有技术支撑层和价值传输层。

- *技术支撑层很容易理解，主要是由通信技术、云计算和显示技术组成的基础支撑技术。*
- *价值传输层，是由数字世界确认价值，让现实世界数字化的通道。*

NFT 是元宇宙价值传输层中的重要组成部分。只要元宇宙的经济体系需要正常运行，人和人之间需要交易和往来，就需要依靠一定的经济规则。NFT 是经济规则的制定者和守护者。有了区块链技术的支持，NFT 就像个铁面无私的法官，让现实世界和数字世界的边界逐渐模糊。人们既活在数字世界中，也活在现实世界中，数字资产、数据和身份都属于我们自己，不会被修改或剥夺。例如，在现有的网络游戏中，人们的账号可被系统封禁，身份信息也可被清除，仿佛从来没

有存在过；但在元宇宙世界中，因为区块链的存在，人们永远都不会被封禁，永远存在于该世界。

当然，目前 NFT 还存在一些问题，需要慢慢完善、解决：

● 第一，市场流动性的问题。虽然 NFT 在 2021 年上半年风靡一时，但在 2021 年 8 月之后，进入 NFT 领域的资金明显减少。流动性问题的根源在于 NFT 的交易模式有待完善，交易门槛高且流程复杂，很难让交易者继续坚持下去。

● 第二，技术问题。目前，NFT 交易的安全性仍有待提高，技术还需要不断突破。

● 第三，市场潜力挖掘不足。虽然 NFT 在一些领域取得了成功，但总体而言仍是一个小众市场，在市场潜力的挖掘上还有很长的路要走。

元宇宙场景化
模式全面创新

4

第4章

元宇宙的构想重塑了人与人、人与空间、人与技术的关系。元宇宙不仅仅是更高级的游戏体验，还给不同行业的未来产业形态带来了更多的可能，如智慧城市、智能巡检、虚拟服饰……各种新鲜的业务落地场景层出不穷。

本章将从元宇宙的基本内涵出发，聚焦元宇宙的核心价值，畅想元宇宙给未来社会和生活带来的新奇改变。

▶ 第一节　元宇宙产业链的顶层价值：体验感

一、元宇宙的 5 个层级

虽然元宇宙是虚拟空间，但它并不像空中楼阁一般悬停在空中，相反，它有足够扎实的技术根基。元宇宙是通过一步步的技术架构，用硬件搭载软件，由硬件和软件共同构建的虚实空间。目前，人们常常将元宇宙分成 5 个层级，如图 4-1 所示。

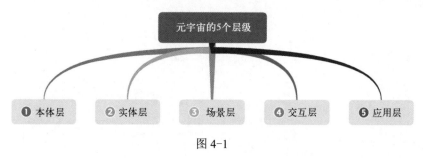

图 4-1

● 本体层。本体层呈现的是元宇宙世界最本质、最基本的样子，也是元宇宙"游戏规则"的创立之处。正如自然界中的生态圈，有动物、有植物、有微生物，有阳光、有水、有空气、有矿物质……只有这些不同的要素组合在一起，并且各司其职，才能构成一个完整的生态圈。元宇宙世界也是如此，本体层是对元宇宙规则的定义（就好像自然界中会有分类：哪些属于动物、哪些属于植物、哪些属于没有生命的物质等）。当然，这个"规则"还包括元宇宙的社会规则。例如，元宇宙世界中的土地怎么规划、房屋怎么建造、社会怎样运行等。只有先将这些事情明确地定义下来，元宇宙世界才能慢慢搭建和顺畅地运行。

- 实体层。实体层是将本体层具体化。由于元宇宙本身是对现实世界的映射，因此每个现实世界中的实体都能映射到元宇宙世界。例如，现实世界中的每个人，在元宇宙世界中都有一个唯一和确定的对应身份或账号。同时，实体层为元宇宙世界中的每个人搭建起互动和共享的平台，让元宇宙世界变得更加立体。

- 场景层。在实体层中搭建好互动和共享的平台之后，场景层可告诉人们怎样在元宇宙世界互动。按照目前已有的元宇宙社交场景，人们可以在元宇宙世界中创建内容（例如，自己设计游戏，邀请朋友甚至世界各地不认识的人过来参与游戏）、彼此联系（例如，召开会议、演唱会等）。如果说实体层是一个框架，那么场景层就是内容。它的存在让元宇宙世界从纯粹的技术进一步升华，成为"有灵魂"的平台。

- 交互层。交互层对元宇宙的基本技术和框架提出了更高的要求。什么是交互层呢？交互层是一个通道，好比游客进入游乐场时，需要经过的一个通道。这个通道需要建设得既安全又合理，即便游客过多，也能保证游客不会觉得过于拥挤，同时还需要具备一定的防范功能，如防止盗窃、防止逃票等。交互层是元宇宙世界与现实世界的连接通道。人们通过交互层进入或走出元宇宙世界。这个通道既可以是 VR，也可以是 AR，将来还可能出现更多的新设备。

- 应用层。每个人对应用层都有自己的理解。正如进入游乐场的游客，喜欢的游乐设施各不相同一样。元宇宙世界中的人们也可以按照自己的喜好做事。实际上，应用层是场景层的延伸，即元宇宙的不同功能，只不过更加体系化。例如，对于元宇宙世界中的社交，在场景层，关心的是能否实现社交的功能；在应用层，关心的是如何挖掘社交需求，让人们在元宇宙的社交中更加便捷，以及虚拟社交是否对现实社交进行了延伸、实现什么样的愿景……

随着元宇宙逐渐成熟，发展到应用层，人们的思考将不仅停留在技术本身，还将关注社会、人文、思想观念等各方面的内容。就像最开始人们只是利用互联网进行通信和联络，不会想到互联网给社会带来了翻天覆地的变化。人们对元宇宙的思考，也将随着技术的提升和部分场景的落地，变得越来越具体和深入。

二、元宇宙的 3 类参与者

元宇宙是一个复杂的系统，需要每个部分的参与者各司其职、互相配合和支撑，从而让元宇宙世界得以正常运行和不断升级。现在问题来了：元宇宙的参与者有哪些呢？参与者在元宇宙的不同层级中，起到了哪些作用呢？

（1）第一类参与者：互联网和科技公司

第一类参与者就像建造大楼的设计师和施工队，互联网和科技公司利用自己的技术力量为元宇宙搭建技术根基。这些技术力量分为两种：一种是硬件技术；另一种是软件技术。

- 硬件技术包括在 VR、AR、企业级设备及其他智能设备中使用的技术。常见的智能设备包括工业级摄像机、投影仪、追踪系统、扫描仪、传感器等，好比建筑工地的叉车、搅拌机和大吊车，若没有它们的协助，大楼根本无法盖起来。
- 软件技术包括基础设施技术，例如网络通信技术（大数据、云计算、人工智能等）、服务技术等。这些技术不是单独存在的，而是相辅相成、互相支撑的。

由于目前互联网和科技公司已拥有创造元宇宙世界的技术，并拥有在创建元宇宙世界的过程中不断进行业务拓展和技术突破的动力，因此不管从商业角度而言，还是从技术进步角度而言，这个历史的重任都将落在互联网和科技公司的肩上。

（2）第二类参与者：规则和文化的制定者

元宇宙世界之所以不同于 3D 或 VR 式的网络游戏，是因为元宇宙世界除拥有技术外，还囊括了社会因素。换句话说，元宇宙世界具有社会性。怎么理解这个社会性呢？例如，一个人在现实世界中存在乱扔垃圾等不好行为，由于该行为并不违法，因此对这些不好行为的判定来源于人们朴素的价值观，是人们对事物进行判断后形成的社会共识，可称为道德判断或价值判断。这种社会共识是建立一个稳定社会的前提和基础。

随着社会共识的逐步发展，形成了规则和文化，在社会中形成了一种"软性"束缚。这种束缚可保证社会秩序正常运行。对于网络游戏而言，不同游戏公司发行的网络游戏可以有不同的规则、画风和玩法；对于元宇宙世界而言，在社会共识的基础之上还具有社会性，对所有人都有效，元宇宙世界中的社会规则，不能被随意设定和更改，不以个人意志为转移。

鉴于规则和文化对元宇宙世界的重要性，第二类参与者应该是规则和文化的制定者。

（3）第三类参与者：内容的创作者

目前，元宇宙世界的内容以游戏和泛娱乐为主，侧重于通过 VR、AR 等硬件设施，以及游戏画面的改善来提升玩家体验。例如，在游戏《酿酒大师》中，玩家不仅可以在线上按照自己的喜好酿酒，在线下真实地收到自己酿制的酒，还可以进行 NFT 线上交易。这是对游戏玩法的极大创新，也是一种虚实结合的全新尝试。又或者像 Roblox 一样，让玩家自行搭建和设计游戏内容。这也是未来元宇宙的发展趋势。目前受制于有限的算力和平台的承载能力，元宇宙世界的内容创作并不多。随着底层技术的发展和基础设施的完善，未来，元宇宙世界将以内容创作者为主，他们将发挥自己的创造力，在虚拟空间创作全新的内容。每一个人，既可以是内容的创作者，也可以是内容的参与者和分享者！

内容创作是用户体验感的来源。

元宇宙是一个新的时代，是一个充满新鲜感的未来世界，是共荣共享、共建共赢的世界。虽然元宇宙世界有 3 类参与者，即互联网和科技公司、规则和文化的制定者、内容的创作者，但因技术仍在不断完善，元宇宙在社会和文化层面的影响尚不突出，所以在提及元宇宙世界时，大多数人在脑海中浮现的都是互联网和科技公司的身影。

实际上，未来的元宇宙是一个跨链共享、资源共享的世界，不属于某个科技巨头或某个互联网公司，而属于每一个人。互联网公司和科技巨头负责搭台，而台上唱戏的一定是普罗大众，是芸芸众生，是每一个活生生的人。人们不需要学会写代码，不需要成为程序员或前端工程师，只需要有想法、有表达欲，想去分享和连接元宇宙世界，就可以参与内容创作，并邀请更多的人一起参与。

当普通人大量参与创作和输出之后，元宇宙就会进入一个全新的 IP 时代，一个不被定义的时代。这里所说的 IP 不再拘泥于目前理解的 IP。元宇宙世界的 IP 会发生巨大的变化，并展现出两个主要的趋势。

- 第一个趋势：从形式上看，立体化和多元化的内容将会成为主流。以前人们的信息来源主要是报纸和人们的口口相传，到了网络时代，图片、声音、视频相互整合，自媒体行业的蓬勃发展让内容更加丰富，人们可以接收的信息更加多元。尽管如此，报纸、广播电视和现在的视频都是二维的，人们只能被动地接收信息，不能主动互动。在元宇宙时代，第一个突破就是所有的一切都会从二维走向三维，同时可以与元宇宙世界中的所有人物和场景互动：可以与元宇宙世界里的虚拟偶像交谈，而不是远远地向他挥手；人们可以是电影里的主角，尽管人们并不知道剧本的走向，但随着在电影中作出不同的选择，就可以慢慢探索和展现不同的结局；除了能感受到元宇宙世界中街道和花园的美，还能感受微风拂过脸颊的惬意；可以抚摸路边小狗的头，时不时还会有聒噪的鹦鹉来打破清晨的宁静……互动，让元宇宙世界变得更加饱满，场景变得更加丰富，代入感变得更加明确。

● 第二个趋势：生产工具和表现形式的变化。目前，人们创造内容主要依靠软件制作图片和文字，依靠摄像机录制视频，依靠剪辑软件对视频进行裁剪。到了元宇宙时代，因有了人工智能的加持，可以利用电脑程序和机器人展现创作的内容。同时，新的技术将在创作中加入多维感知：尽管目前在观看 4D 电影时，影院会利用座椅的晃动、现场洒水等小技巧来增加体验感，但到了元宇宙时代，这些辅助技巧会扩展到感知层面。例如，电影中的爆炸场景会产生炽热的空气、美食散发出诱人的香气……不仅是视觉和听觉，所有的感官都会被调动起来。这就是元宇宙！

在元宇宙世界，内容生产可分为内容生产市场和内容消费市场。这与之前提到的元宇宙参与者——内容的创作者、规则和文化的制定者并不矛盾，因为参与元宇宙的前提都是元宇宙世界具有安全、规则和文明的特性。在这个基础之上，数字资产/产品、数字货币/金融工具互相流通。元宇宙数字基建和元宇宙动力引擎是这一切正常运行的技术保障，正如高铁运行不仅需要铺设轨道，还需要强大的调配管理系统一样。元宇宙世界的内容生产生态体系如图 4-2 所示。

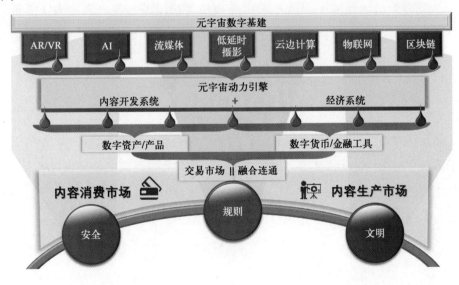

图 4-2

在元宇宙世界，人们不会再对着屏幕，单方面输入信息或接收信息，而是积极参与到创作和互动当中，成为其中的一员。

▶ 第二节　产业落地从解决现实问题开始

元宇宙给人们带来很多遐想，尽管目前有些互联网和科技公司已经推出一些元宇宙项目，但距离大量推广和普及还有很长的一段路要走。同时，我们也要认识到，虽然目前讲到元宇宙，在人们的脑海中会浮现出几款游戏，但元宇宙不会仅局限于游戏领域，未来将落地在更多领域，产生不同的商业模式，催生出更多新业态和新职业。

一、元宇宙让技术进步、商业模式迭代

元宇宙的出现和成熟与技术的发展是相辅相成的：一方面，人工智能、云计算、大数据、物联网技术的发展催生了元宇宙；另一方面，在元宇宙逐步发展的过程中产生了新的需求，这些新需求也会反过来促进技术的进一步发展。

图4-3列举了元宇宙技术在不同技术层面的发展（包括安全、数字化工作环境、存储和数据库、自动化、网络、计算基础设施和平台服务）。需要说明的是，元宇宙技术层面的分类方式并不是固定或统一的，可从不同的维度来分类。这里仅从用户的主观体验出发，阐述元宇宙在发展过程中的技术变化。其中一部分技术已经完成部署，正在慢慢走上商业化之路，另一部分技术则处于部署或试点过程中。

元宇宙技术发展 安全

已完成部署的技术
- 云安全态势管理
- 动态应用安全测试
- 防火墙及服务
- 拓展检测与响应
- 云访问安全代理
- 安全编排、自动化和相应解决方案
- 网络访问控制技术
- 端点检测和响应
- 管理监测和响应
- 数据库审计与防护

正在部署的技术
- 端点保护平台
- 基于硬件的安全
- 安全访问服务边缘
- 静态应用安全测试
- 云工作负载保护平台
- 通过SaaS部署的身份及访问管理

试点技术
- 应用安全编排与关联
- 零信任网络访问
- 移动威胁与防御

（a）

元宇宙技术发展 数字化工作环境

已完成部署的技术
- 统一端点管理
- 团队协作设备
- 工作场所分析
- 工作流协作工具

正在部署的技术
- 云UC（统一通信）
- 数字化应用解决方案

试点技术
- 增强现实
- 虚拟现实
- 机器人
- PC即服务
- 公民集成工具
- 公民数据科学工具
- 虚拟助理
- 自然语言处理
- 人脸识别
- 桌面即服务
- 企业高生产力应用平台及服务

（b）

图 4-3

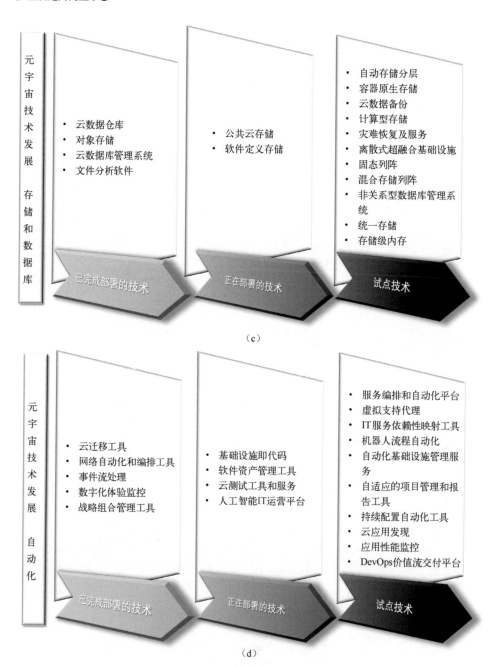

图 4-3（续）

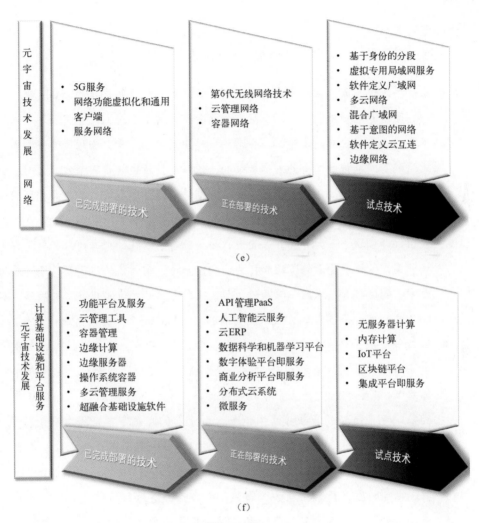

图 4-3（续）

以上技术的发展逻辑十分明确——从基础设施出发，慢慢增加用户的体验感。例如，随着元宇宙的使用者越来越多，必将对网络的稳定性提出更高的要求，这就意味着网络通信技术必须进行相应的改进；当人们在元宇宙中谈论：从考试的话题，聊到航天技术，系统必须能识别出人们谈论的话题，并产生相关的回应，这就意味着自然语言识别技术和机器学习技术必须进行相应改进……总之，元宇宙会推动基础技术和配套技术不断发展，二者形成相辅相成、互相促进的关系。

在商业模式方面，元宇宙也会催生不同的业态，并不断迭代。

- 第一种是现实商业在元宇宙世界中的延伸。例如，以往广告商会在地铁、电梯、网络和电视中打广告，以后广告商会将品牌信息植入元宇宙世界，当玩家走在元宇宙世界的街道时，会看到大楼上悬挂的广告；当玩家看电影时，走进的房间也许是某个开发商赞助的，饮料、食物也许是某个食品公司推出的新产品，当然，在元宇宙世界里品尝到的味道会和现实生活中品尝到的味道一模一样。元宇宙有足够大的空间为企业做广告和市场营销，说不定会催生出细分领域——元宇宙广告企业、公关公司。以往的广告商只需要了解市场营销、了解消费者的心理和行为倾向，而元宇宙时代的广告商，还必须对元宇宙的生态和技术有足够多的了解，明白怎么让元宇宙世界中的玩家，以NFT或现实世界消费的方式来购买商品。这将是一个全新的商业模式。

- 第二种是基于元宇宙中的需求而产生的新商业模式。就像互联网的发展催生了游戏产业，随着游戏产业的蓬勃发展，一部分游戏开始"走向职业化道路"，催生了电竞产业。在元宇宙世界中也将催生新需求，并在新需求的基础上产生新的商业模式。例如，由于人们在元宇宙世界中有盖房子、装修房间的需求，因此元宇宙世界中的职业——建筑师应运而生；由于人们需要通过购买道具、装备等来丰富元宇宙世界中的生活，因此会出现道具、装备的生产商和商店……因为元宇宙世界具有经济体系，所以随着经济体系的完善，人们不仅有交易需求，甚至还会产生投资、租赁等方面的需求，这些都将给商业带来无限想象空间。

- 第三种是基于现实世界和元宇宙世界相结合而产生的商业模式。例如，根据现实世界中的用户需求，帮助用户在元宇宙世界开店、租房子、设计自己的游戏等，甚至作为"管家"帮助用户处理他在元宇宙世界中的一切琐事。

尽管不同商业模式的实现都需要完备的技术体系及成熟的运营方式作为支撑，但可以预测，未来在元宇宙世界中将能产生很多意想不到的全新商业模式！

二、元宇宙让教育身临其境

在所有与元宇宙相关的商业模式和应用场景中，有一类特殊的商业模式和应用场景值得关注，那就是教育。虽然教育也是商业模式中的一种，但教育本身又具有一定的特殊性，因为它的对象是人，通过对人的影响和改变而改变世界，所以一旦教育过于商业化，就会产生一系列的连锁反应。

这几年，在线教育发展得如火如荼，实际上一直存在着一些声音，认为在线教育虽然解决了空间方面的问题：孩子们只要有网络就可以上课，不必来回奔波，但是在线教育缺少互动，趣味性也少了很多。

如何解决以上问题呢？在元宇宙世界中，教育模式发生了革新，如图 4-4 所示：学生利用数字化身、VR 等技术，身临其境地进入一个虚拟课堂，既可以在课堂上认真听讲、向老师提问，下课后也能互相畅谈；老师在授课的同时，不仅能实时解答学生的提问、管理课堂纪律，而且师生之间也可进行眼神交流，老师可随时了解授课效果。总之，在元宇宙世界的课堂上，人与人之间都是可互动的。

图 4-4

虽然不能说元宇宙课堂能够完全克服传统在线教育的弊端，或者说能够完全替代现有的教育方式，但至少能给人们提供一个全新的选择。

- 对于老师来说，他们可在通勤和处理校园琐事方面花费更少的时间，将更多的精力放在教学准备上。

- 对于家长来说，不必花费大量的时间来接送孩子。
- 对于学生来说，元宇宙课堂将给他们提供全新的学习体验，以及更多的互动性和趣味性（元宇宙世界的可扩展性让课堂的场景有更多的呈现方式）。

事实上，已经有名校在试水元宇宙课堂。例如，斯坦福大学推出名为《虚拟人》的课程。这是该校第一门完全使用 VR 进行授课的课程：学生可在任何地方带上 VR 设备上课；课程的教学场景不是传统的阶梯教室或会议室，而是博物馆，以及火山口或海底等一些非常规的自然景观。虽然技术还未成熟，斯坦福大学的《虚拟人》课程体验的真实性和沉浸性还有很多待提高的空间，但这本身是非常有意义的尝试，不仅将技术引进了课堂，同时还为教育本身提供了新的思路——增加更多的场景，让学生能够拥有更丰富的体验，并在真实体验中学习、成长。

三、元宇宙让智能无处不在

随着人工智能技术的逐渐成熟，元宇宙可让智能无处不在，甚至只靠输入指令就能完成很多事情。下面以华为云盘古系列预训练 AI 大模型（以下简称大模型）为例进行说明，如图 4-5 所示。

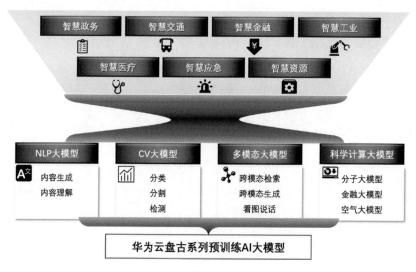

图 4-5

（1）生成文本：用一句换一万句

大模型不仅能通过语音识别来生成文本，也就是对着它说话，它不仅能通过语音识别生成文字，而且具有一定的"智慧"——根据输入的语音进行续写。

例如，语音为"狂风卷积着乌云"，尽管只有这么一小句，但大模型会自己续写成"在天边乌云背后，落下一阵滚雷，雷声隆隆，响个不停，雨如银网密集，大雨如注似倾，个中威势当真惊心动魄。雷声隆隆由远而近，如大山小山，起伏绵延，空中夹杂着雷声。那雨打在窗上如雹霰一般发出'噼里啪啦'的响声"。由此可以看到，大模型不仅能识别出输入语音描述的是狂风和乌云，而且能续写一段文采斐然的环境描写文字，结合大雨和雷声让场景一下丰富起来。之所以能做到这一点，是因为机器通过不断地输入和积累，可自行进行训练，对自然语言进行识别和分析并在文本库中存储了大量信息。当需要机器创作时，这些文本库能提供丰富的文本素材。这也是为什么机器能做到"文思如泉涌"的原因。

大模型还能帮助人们撰写文案。例如，在商品展示、推销和做广告的过程中，不再需要广告公司来设计文案，只需要输入商品的信息，就能获得内容丰富的文案。随着技术的不断完善，文案的水平和可选范围将会进一步提升，商家也会有更多的选择空间！

不同于常见的语音识别，这种精细化的模型能够识别出人们所说的内容及其含义。可以这么说，人工智能对人类的理解，开始由字面变为真正意义上的深度理解。这将是元宇宙世界常见的应用场景。

（2）巡检：火眼金睛

户外有很多电力设施需要定期检查，通过及时修复电力设施的故障点来避免电力设施因出现严重损坏而带来重大损失。由于电力设施所处环境复杂（电塔、电缆的高度较高），位置分布广，地形多样，检查起来不仅人力成本高，而且具有一定的危险性。

此时若先使用无人机拍照，然后利用大模型分析，扫描并确认电力设施的缺陷和潜在的故障问题（由于设施缺陷和潜在的故障问题多于 100 种，传统的解决方案需要构建 20 多个小模型），那么不仅投入的成本大大降低，识别精度也能得到大幅度提高。在这一过程中，运用的是大模型的视觉处理能力（目前一些扫地机器人常常出现找不到路、不会绕弯及四处乱窜等情况，就是因为它们不具备较好的视觉处理能力）。

若将视觉处理能力运用在元宇宙世界，则可让 3D 数字人更好地识别周边环境，利用类似于大模型的算法，让元宇宙中的 3D 数字人拥有智慧和活力。

（3）服装设计：上身效果随时可见

还有一个实用案例是在服装设计上：将一些用于描述服装特征的文本输入大模型，如夹克外套、男士，大模型即可自动生成服装草图。这些设计的草图与市面上已有的设计完全不同，都是由大模型生成的全新原创设计。未来，这项技术可以真正做到虚实结合：在元宇宙世界中，可以为每个人定制个性化的虚拟服装，让人们的虚拟形象更加多样；在现实世界中，也可提供实际的服装设计。未来，人们在现实世界和元宇宙世界中穿着同样的衣服，不再是不切实际的想象！

▶ 第三节　关于美好数字生活的一切想象

一、智慧城市：智慧生活犹如一场巨幕科幻电影

随着物联网的发展，与"智慧""智能"相关的词汇逐渐流行起来，如智慧城市、智能家居、智慧社区、智慧交通、智慧医疗等。到底何为"智慧""智能"？它们和之前的技术有什么不同？又和元宇宙有什么关系？

下面以最为熟悉的智慧城市进行说明。城市是一个异常复杂的系统，既包括很多物理配置，如楼房、街道、水电系统、道路等，也包括一些无形的管理系统，如城市规划、社区管理、人员配置、居民行政事务安排等，还包括一些需要将物理配置和管理系统结合起来的复杂系统，如交通系统，既涉及道路的规划与建设，也包括对车辆、驾驶人员信息的收集和管理。这些都涉及海量的数据，以及各方面的合作与协调。智慧城市就是利用技术手段，让复杂的一切井然有序。例如，交通系统首先利用先进的摄像头和传感器了解各条道路的情况；然后，结合大数据、云计算、人工智能对交通状况进行综合判断；最后，交通系统会反馈哪条路的拥堵程度不高、哪条路需要管理部门疏通等。不仅如此，结合数字孪生，人们通过对元宇宙世界道路设计的改进，能够模拟和预测改良方案的效果，从而节省成本和时间，减少很多错误决策，让城市规划变得更加科学。

扩 展 阅 读

　　还有一个有趣的案例：一座大型城市需要升级水电系统，不知道该如何操作，因为这个项目不仅工作量巨大，而且一旦出现"小插曲"，就会给居民生活带来巨大不便，此时智能化手段就派上用场了：先通过传感器和各种扫描设备精确了解水电系统的每个节点（类似于在医院拍 X 光片），然后专家通过分析扫描结果精准找出需要改良之处，即可作出更精细的设计和更合理的决策。

　　当然，智慧城市不仅包括技术本身，还需要将先进技术与城市管理、城市维护结合，将硬件与软件结合，形成一套集信息化、数字化于一体的多维度城市管理体系，让城市的各方面管理变得更加科学、更有活力！

　　当人们缩小范围，走进各个社区，就会发现，社区也能"智慧"起来：车辆信息可全面实现自动化登记；只要邀请的朋友具有邀请码，就能直接进入社区和家里的大门；若收到快递无人签收或家中的宠物无人照料，则智慧社区可帮忙解决问题……智慧社区，通过网络技术和硬件设施将需求端与服务端打通，每个人都会减少对物理空间的依赖，能以最方便、快捷的方式随时满足自己的生活需求！

当人们再次缩小范围，走进家里，就会发现，家也能"智慧"起来：通过遥控器或手机可控制一切电器、灯、窗帘等；提前设定热水器的温度和保温时间，在"主人"回家之前就准备好热水，在"主人"长期不在家的时候自动关闭，以节约能源……智能家居不仅让操作更加简单、便利，而且让人们的生活更加数据化和精细化，人们不再需要凑合或将就，即便有一点"不对劲"，也能通过智能家居调整参数来改善！

这一切看起来是不是很棒？不仅如此，技术还能帮助人们解决另一个重大问题：医疗。

- 从宏观角度看，医疗问题是整个社会生活的重要一环，关乎居民整体的健康水平和卫生状况。

- 从微观角度看，医疗问题是与每个人息息相关的日常问题。

扩 展 阅 读

很多人并不知道智慧医疗在技术和应用方面已经取得长足进步：2017 年，科大讯飞智医助理机器人以 456 分的成绩在全球首次通过了国家临床执业医师笔试测试，超过了 96.3%的人类考生，使得机器人具备成为全科医生的潜质。科大讯飞的人工智能管理系统还能与智能便携式血压计相结合，通过上传患者的血压数据，实现日常的健康评估、测量提醒和信息解读等。对于患者来说，既可以减少去医院的次数，也能实现自我健康管理；对于医生来说，可以通过收集和分析患者的血压数据来了解患者的疾病情况，为提升医疗水平奠定了坚实的基础。

在元宇宙体系建立之后，以上场景将会与虚拟空间融合，并碰撞出新的火花。例如，在元宇宙世界的会议室开会时，突然想起家中的电饭煲还在煮饭，此时不必心急如焚地返回现实世界，只需在元宇宙世界中"操作"一下，虚实一体化的智能家居便会通过控制系统关闭电饭煲；在元宇宙世界中看病时，即便医生开了处方药，返回现实世界后也不必再次下单，智能医疗已安排好一切，药品可直接寄送到家。

虚拟的元宇宙世界不仅是一个平台和空间，能让人们娱乐和享受，更是一个虚实结合的平台，能帮助人们解决各种实际问题。实际上，目前人们对于智慧生活的一切想象，都可以在元宇宙世界中实现并完善。人们目前的努力和探索并不是毫无意义的，而是在为未来的元宇宙世界做好铺垫和准备。当现实中的一切变得越来越智能时，人们就会逐渐对智能生活产生更深的理解和感悟。当硬件、软件设施足够成熟时，元宇宙世界的大门便会向人们敞开。

二、虚实之间：自由穿梭于元宇宙世界与现实世界

既然元宇宙世界能帮助人们解决一些现实世界中的问题，那么"虚实之间"如何打通呢？为什么元宇宙世界作为虚拟空间存在，能够让人们的现实生活变得更加便捷呢？

其实，在元宇宙这个概念出现之前，还有一个概念——平行世界：在广袤无垠的宇宙中，是不是可能存在另一个空间？里面有另一个我，和我长得一模一样，虽然有着同样的思维和性格，却过着不同的生活、经历不同的故事、体验不同的人生。元宇宙给出了肯定的答案。这个答案虽然并不是标准答案，却能呈现出新的生活方式，并衍生新的思考方向。

实际上，元宇宙并不是现实世界的补充，而是通过各种技术融合创造、衍生的平行世界，能够打通虚拟与现实之间的界限。

元宇宙世界虽然是基于现实世界产生的，却超脱于现实世界。元宇宙类似于一个房间，只不过是虚拟的。人们可以在现实世界和元宇宙世界之间穿梭，如同走进

和走出这个房间。元宇宙又像是哆啦 A 梦的抽屉，拉开抽屉就会进入另一个时空。

未来，元宇宙世界与现实世界的界限将变得越来越模糊。

三、自由社交：更多的选择和更大的延伸空间

只要愿意，每个人在元宇宙世界中都能拥有丰富的社交空间，并拥有一个心灵的绿洲；既可打造一个属于自己的"看得见的精神世界"，也可方便地在元宇宙世界中约见现实世界中的朋友；线上交流不再是冷冰冰的文字，视频通话也变得立体起来；社交不仅会打破地域限制、语言限制、外貌限制，还能以此为起点，发展出更多元、更新潮的玩法。

扩　展　阅　读

以流行的剧本杀为例，目前的剧本杀虽已有线下和线上两种形式，但无论是体验感还是沉浸程度都有待提高。在元宇宙世界中，剧本杀会发生质的变化：处在不同城市、不同地点的朋友都可以通过 VR 眼镜进入场馆；丰富的场景会让剧本杀变得更加有趣，密室、沙漠、海底应有尽有；多样的布景、服装、道具、化妆等可让玩家上一秒出现在现代社会，下一秒就可以身处民国；上一秒出现在上海街头，下一秒就能身处巴黎的咖啡馆；随时变换自己的造型和装束，不再受现实世界的外形约束。更有意思的是，元宇宙世界中的剧本杀是有感官体验的，如在剧本设定的场景中下起了雨，玩家就会感受到头顶湿润的气息；当在剧本中品尝美食时，玩家也能感受到食物的香气和美味。

元宇宙世界会为未来的社交场合提供更加丰富的场景和更加真实生动的体验。除了剧本杀等多人聚集型社交场景，还有面对面谈话等轻度社交、演讲等一对多的公开社交、办公室会议等公务社交，不一而足。虽然是虚拟空间，

但这里的一切都真实有趣，社交场景的扩展让人们有了更多的选择和更大的延伸空间。

▶ 第四节　触发人类社会价值的"核聚变"

一、元宇宙带来广阔的价值空间

元宇宙将会给现实世界带来巨大的改变，可从两个维度来思考这个改变：一是创造新的价值，即完全由元宇宙带来的全新事物和衍生的价值；二是对已有价值的延伸，即对现有事物的融合与升级，令其焕发新的生机。

（1）创造新价值

从创造新价值的角度来说，可以想象一下元宇宙能带来哪些新鲜事物，例如，元宇宙世界中的房屋设计师、游戏架构师、社会管理者等。这些新职业和商业模式的出现，正是因技术的进步和元宇宙世界的多元化激发了新的需求和经济增长点所致。这些新职业和商业模式又会反过来作用于元宇宙，带来社会观念和行为模式的变化。例如，人们将用元宇宙世界中的聚会替代现实世界中的聚会，购物也将从实体店迁移到虚拟空间。

对个人而言，元宇宙创造的新价值在于提高了办事效率，改变了个人的生活方式。例如，在元宇宙时代来临之后，人们会慢慢习惯在虚拟空间召开商务会谈，而不再需要长途跋涉地出差，从而大幅度减少花费在路上的时间。不可否认的是，元宇宙时代的来临，也许会造成一个新问题：人们变得越来越依赖元宇宙，变得不再想出门。这种可能性当然是有的，不过需要辩证地去看待元宇宙对生活方式的改变。

（2）对已有价值的延伸

从对已有价值延伸的角度来说，元宇宙会对目前社会已有的行业起到一个延伸和扩展作用。就像之前提到的，以后的广告主不仅需要在电视、网络上投放广告，还需要在元宇宙的大街和商店里投放广告；银行不仅可以帮助用户办理存取钱、转账和理财等业务，还能帮助用户处理 NFT 资产和其他虚拟资产。对于金融业务的延伸，也许会产生部分风险。例如，在元宇宙世界中的监管制度完善之前，有些人可能会借钱炒股票、房子及其他可炒作的东西，从而引发风险，甚至虚拟空间和现实世界能互相传递风险。因为任何新事物的出现都会产生新的问题，所以要推出更多的风险规避方式，不能因为有可能出现问题就不去探索元宇宙。

现在是"终身学习"的时代，一个人不管多大年龄、从事什么职业，都需要不断接触新信息、学习新知识来充实自己。元宇宙让人们的自我提升变得更加便捷。例如，若想学习烘焙，则可随时进入元宇宙课堂，在这里既没有地理空间的问题，又不必大费周章地准备食材，既可不断尝试新的菜品，又不必担心浪费的问题；若想参观世界博物馆和图书馆，则可随时进入元宇宙中博物馆和图书馆的开放空间参观、浏览，既不用出国，又不用担心语言问题；若想练习乐器，则可在元宇宙中找到喜欢的老师和练习室，不必担心扰民问题……人们的生活会因此变得丰富多彩。

二、全球数字货币技术日益成熟

元宇宙世界中的美好愿景需要经济体系作为支撑。这就不得不提到 CBDC 了。

什么是 CBDC 呢？CBDC 是英文 Central Bank Digital Currencies 的缩写，意思是中央银行数字货币（以下简称数字货币）。它的发展基础是近些年来飞速发展的区块链技术。区块链是一种分布式记账技术，能够让通过区块链记录的信息无法篡改。

一般来说，CBDC 分为批发型和零售型：

- 批发型 CBDC 的使用仅限于中央银行和金融机构，不面向公众。
- 零售型 CBDC 也被称为一般目标型 CBDC，即面向公众的数字货币。

数字货币因克服了时间、空间的问题，同时降低了安装 ATM 机器的成本，所以实用性强，受到了各国的欢迎。世界上推出首个获得国际认可 CBDC 的国家是巴哈马，一个大西洋西海岸的岛国，因为巴哈马国土分散在 70 多个岛屿上，人口较少，气候多变，所以安装 ATM 的成本高昂，并且费时费力，使用率不高。在采用数字货币方式后，不仅解决了地理空间的实际问题，还能降低成本。

实际上，数字货币的使用场景非常丰富，距离日常生活并不遥远，包括工资支付、交通出行、学费支付、外卖结算、旅游外出、购物消费等，如图 4-6 所示。这些场景会让日常生活更加方便、快捷。

图 4-6

目前，已有很多发展中国家积极投身于数字货币的研发和推广中。

- 2021 年 10 月，柬埔寨央行发行了名为 Bakong 的数字货币，并将其定义为法定货币，可在任何地方使用。实际上，柬埔寨于 2017 年就开始了数字货币的相关研究，并于 2019 年开始试运行。因为柬埔寨的银行账户使用率较低，若人们可以利用 App 选择任何一家银行开设账户，则银行可以火速获得更多用户。

- 2021 年 12 月，泰国透露将在 2022 年试点零售型 CBDC，涉及大量金融机构和大约 10 000 名用户的存取款或汇款等业务。泰国表示，此举并不是让零售型 CBDC 替代加密货币或传统货币，只是为了降低金融成本，用户可自主选择。

事实上，新兴市场对于 CBDC 抱有开放或欢迎的态度，原因有二：一是新兴市场现有的金融体系有待成熟，CBDC 的加入可协助解决部分问题，降低金融成本；二是新兴市场拥有较为广阔的发展空间和前景，率先推广 CBDC 能为自身的发展抢占先机。

对于发达经济体而言，情况则有些不同。

2021 年 7 月，欧盟宣布对 CBDC 启动为期 24 个月的调查，两年之后将着手开发数字欧元，预计 CBDC 将在 2024 至 2025 年间正式面世。与很多发展中国家相比，欧洲面临着截然不同的情况：

- 第一，欧洲国家众多，各国国情也不尽相同，若以欧盟为主导开发 CBDC，则要对更复杂的情况进行评估和审议。

- 第二，欧洲属于高监管社会，对法律框架、个人隐私等方面拥有完善的保护体系，因此新兴科技的发展，往往需要经过层层验证，在效率上不具优势。

- 第三，由于欧洲非常重视市场反应，会根据不同情况调节策略，因此缺少强力发展的群众基础和内生动力。

● 第四，相较于新兴经济体看重的补足短板和发展前景，欧盟更看重由金融体系的整体性带来的国际竞争力。基于不同的出发点，各国在 CBDC 的发展路径和方式上将会呈现出极大的不同。

现实世界是复杂的，各国面临着复杂多变的情况，是否到了元宇宙世界，情况会有所不同呢？元宇宙世界的经济体系是一个开放和共享的平台。CBDC 的出现和发展是这个经济体系完善的前提，尤其是在各国逐步克服 CBDC 现存的一些具体问题，打通现实世界和元宇宙世界中的支付问题后，元宇宙世界的经济体系就可以完全实现了。

实际上，人们一直在努力寻找解决问题的方式，以国际合作的方式对 CBDC 跨境支付就是有益的尝试：

● 2019 年，我国香港金融管理局与泰国央行联合启动 Inthanon-LionRock 项目，重点开发区块链跨境走廊网络，在批发层面实现跨境外汇交易的同步交收。

● 2019 年，加拿大央行和新加坡金融管理局合作开展 Jasper- Ubin 项目，利用区块链的方式成功完成了 CBDC 跨境支付实验。

● 2021 年，法国央行、瑞士央行宣布联合试行欧洲首个跨境央行数字货币支付服务 Jura 项目。

这些尝试都让 CBDC 的广阔应用前景成为可能。在未来的元宇宙世界，这是非常重要的一环，因为 CBDC 的点对点运输模式，能让位于不同地点的收付款业务既安全又便利。与此同时，在强大算力算法的基础上，CBDC 的支付可以实现 24 小时不间断，可解决境内外交易的时差问题。当然，虽然目前的各项技术和系统仍有待完善，但有理由相信，CBDC 在元宇宙世界定会大放异彩。

三、经济数字体系 NFR

除了 CBDC，元宇宙经济体系中还有另一个重要的组成部分：NFR。NFR 是在 NFT 面世一段时间，发现一些包括确权和溯源方面的问题后，进化出来的一种权益机制。

不可否认，NFT 对元宇宙经济体系的建立起到了加速作用。目前，NFT 不仅具有一定的技术支撑，还在应用中慢慢迭代。尤其在文化和社交领域，NFT 逐步被认可，甚至慢慢成为一种风尚。

然而，NFT 的短板也十分明显。不过，这些所谓的"短板"，不一定来源于 NFT 的技术或应用本身，而是来源于使用方式。例如，炒作问题，2021 年，"101 Bored Ape Ycht Club BAYC NFT"拍出了 2440 万美元的天价，就连曾经拍出天价作品的作者 Mike Winkelman 本人都直言 NFT 存在相当大的泡沫[1]。

不仅如此，NFT 的确权问题依然存在。虽然区块链技术能够保证上链的内容和信息是真实的、不可篡改的，但无法溯源上链之前的内容和信息。例如，某人将自己的人像摄影作品制作成了 NFT 作品，并在网上出售。此时，买家可以确认这幅数字作品一定是这个人创作的，但这幅作品的最初来源是谁？人像摄影作品中的模特是谁？拍摄时是否征得模特的同意？这些都无从知晓。

NFR 在此背景下应运而生，能弥补 NFT 的不足，给元宇宙经济体系带来有效的补充。NFR 的全称为 Non-Fungible Rights，意为非同质化权益，是一种数字化的权益，类似于现实世界中期权、股权所代表的一种权益。只不过，NFR 的标的物和实现方式都是数字化的。NFR 以区块链为"记账本"，意思是信息的流通和改变都在区块链上，历史数据不可更改或删除，使其既安全又可靠。与 NFT 使用的数字代币不同，NFR 使用的是智能合约，既完美解决了合法性的问题，又不存在确权问题。

当然，虽然 NFR 还处于起步阶段，未来会不会面临恶意炒作等问题尚不清楚，但目前来看这方面的风险相对较低。因为它不使用数字代币和公链，所有的运行基础都是互联网，所以对于很多人来说，炒作的意义并不大。

任何数字化的经济方式都需要与技术和应用场景结合才能发挥本身的特性。

---

1 数据来源：天风证券《2021 年 NFT 行业概览：文化与社交的数字确权价值》。

NFR 的特性是将物理环境与虚拟环境结合。不同于 NFT 完全脱离现实世界，NFR不会对现实世界中的原有物品或素材产生任何影响；从逻辑上讲，NFR 主张的是在虚拟空间中发展经济，反过来助力实体经济，而不是掏空实体经济。同时，建立在全球互联网基础之上的 NFR 也注重金融安全和金融规则的建立，注重保护个人信息和隐私，意在打造一个健康的经济体系。

由于在网络游戏中涉及大量虚拟资产的交易和流通需求，也存在交易安全和资产确权等痛点，因此，若将 NFR 引入网络游戏，将会改变现有网络游戏的部分规则。例如，交易的规则不再由游戏厂商指定，而是依靠开发者提供的智能合约；以往的存储是中心化的，即存储在服务器上，厂商可以修改，在使用 NFR 后，交易信息的存储是去中心化的，即存储在区块链上，开发者无权修改；对于游戏中的道具，在使用 NFR 后，游戏厂商不再具有对玩家游戏中道具和装备的处置权，道具和装备作为玩家的个人资产，可由玩家自行处置；玩家在游戏中进行道具交易时，不必担心对方使用网络技术手段或诈骗的方式获取道具，因为 NFR 的交易在成交瞬间，对方的款项即刻转到玩家账户；在使用 NFR 后，游戏账号的盗号问题几乎不会存在。

以上种种，皆会触发人类社会价值的"核聚变"！

第二部分　万物互联：元宇宙的硬科技

元宇宙带动IT
技术创新

5

第5章

元宇宙世界起源于人类对高科技世界的向往，是因技术的进步带来的想象空间。元宇宙世界可完美构建各种各样的美妙场景，人们可自由穿梭其中，进行各种社会活动和生产活动，彼此交换信息，并创造出巨大的经济价值。在元宇宙世界与现实世界并无二致的形态和特征背后，需要有各种先进的信息技术进行支撑，人们把这个底层的信息技术架构简单概括为云管端。

可以说，几乎任何关于元宇宙世界的产品和服务都建立在云管端之上，并可被这个概念概括或解释。

什么是云管端？云管端的示意图如图 5-1 所示。

云计算

IoT平台	区块链平台	云UC (UCaaS)	云访问安全代理 (CASB)	数据科学和机器学习平台
3D社交平台	区块链	云数据库管理系统	多云管理器 (MCMS)	数字体验即平台服务dxPaaS
iTSM	微服务	团队协作设备	集成平台即服务iPaaS	功能平台即服务fPaaS
API管理PaaS	云数据仓库	人工智能云服务	虚拟现实同步设备	云工作负载保护平台 (CWPP)
云数据备份	云应用发现	公共云存储	云安全态势管理 (CSPM)	海量内容开放世界游戏
云迁移工具	云管理工具	云测试工具和服务	灾难恢复即服务DRssS	应用安全编排与关联 (ASOC)
IDC	云ERP	分布式云系统		

数据传输

5G服务	边缘网络	WiFi (802.11ax)	虚拟专用局域网服务VPLS
容器网络	AIoT	高速网络通信	软件定义广域网 SD-WAN
5G	NVMe-oF	基于意图的网络IBN	云管理网络CMN
多云网络	服务网格	基于身份的分段	网络访问控制 (NAC) 技术

终端

边缘计算	固态列阵	办公自动化OA	虚拟世界沉浸式设备
桌面即服务	边缘服务器	传感器芯片	统一端点管理
多感官设备	机器人	增强现实AR	混合存储列阵
虚拟现实VR	人脸识别	图形处理器GPU	3D虚拟办公解决方案
虚拟助理	操作系统	面板	端点检测和响应 (EDR)

图 5-1

- 云（云计算）：云就像一个大仓库，里面存满了物品。云平台是未来信息服务架构的核心，可利用云计算存储和共享资源、部署业务，当需要什么东西时，可从云中取出，进入管。
- 管（数据传输）：管是超宽带网络，即通过智能化的网络处理、传递信息，就像是一条长长的管道，将大仓库里面的物品由管道运输到各处。

● 端（终端）：端是信息到达的终点，即通过信息和指令实现的功能。

实际上，云存储的不是物品，而是数据、信息等；管也不是真实的运输通道，而是网络通信渠道，负责信息的传递和虚拟事项的服务；端可以是智能设备，也可以是人，总之是信息的接收者。

云管端的概念有助于人们理解元宇宙技术的运行思路和架构。本章将以云管端为起点，依次介绍它们的实质技术，以及它们在日常生活中呈现出来的形态。

▶ 第一节　终端：无缝连接使数字孪生成为可能

一、传感器：工业信号的捕捉者

传感器是一种检测装置，能够将现实世界中的信息转化为数字信息，以便传输、存储和转化。传感器类似于人类的眼睛，以及眼睛背后的一系列神经系统：人是通过眼睛来看世界的，"看"的过程实际上包括眼睛的感光和神经系统对信息的传输，在信息传输到大脑后，才能对看到的东西作出反应。传感器通过采集信息，并把信息传输到智能系统中后，即可产生类似的"互动"过程。

实际上，传感器是很复杂和多样的，不仅能对画面进行感知，还能感知现实世界中的温度、湿度、声音、气味等。传感器有很多使用场景和用途，在不同的情况下，侧重点和收集传递的信息也不同。例如，用于检测空气污染状况的传感器，能够分析空气中污染颗粒的大小、组成物质，并将基础信息传输到计算机或实验室，以便进行更加精密的分析；用在照明设备中的传感器，能判断光线的变化、角度，对光谱进行收集和分析，并利用智能化的后台进行决策，从而对照明设备进行打开或关闭操作。

传感器是元宇宙连接现实世界和虚拟空间的第一个台阶。

为什么这么说呢？元宇宙要打破虚实之间的界限，需要借助一种称为数字孪生的技术。简单来说，数字孪生是把现实中的实物投射到虚拟空间，好比一对孪生体，本体做一个动作，孪生体也会执行同样的动作。虽然很多人感觉数字孪生与个人生活无关，但在汽车、飞机等重型工业领域，数字孪生已经开始使用，大大降低了试错成本。数字孪生的技术流程和成果展示均离不开传感器，原因很简单：若想在虚拟空间投射一个物品，那么就需要知道该物品在现实世界中的样子，传感器就能起到这个作用。传感器不是一个单一维度的传输装置，而是一个多维度、立体化的信息转化和传输装置，通过传感器不仅能扫描该物品在现实世界中的样子，还能感知气味，了解触感。

当然，若想实现数字孪生，还需要很多基础性技术，传感器只是其中之一，是基础性技术体系中的最基本要素。

二、可穿戴设备：体验元宇宙

元宇宙如何打破虚实之间的界限呢？难道如同哆啦 A 梦一样，通过抽屉打通现实世界和元宇宙世界吗？其实并不是，元宇宙世界与现实世界的连通需要依靠 VR 眼镜、AR 眼镜、MR 眼镜等可穿戴设备，以及正在研发的视网膜投影技术、脑机接口等。这些装备和技术未来可能会与日常生产和生活紧密联系，也可能成为联通现实世界和元宇宙世界的通道。

可穿戴设备是能够穿在身上、戴在身上特定部位的设备。下面以常见的 VR 眼镜、AR 眼镜、MR 眼镜为例进行介绍。

- VR 眼镜是能够带人们进入虚拟空间的眼镜。例如，Facebook 的元宇宙体系使用的就是 VR 眼镜和手持感应器。只要戴上 VR 眼镜就能进入虚拟空间，周围的一切好像与现实世界没有区别，能走路、能跑跳、能东张西望，只是这一切都发生在虚拟空间。

- AR 眼镜是搭载了芯片的智能化眼镜，提供的是一种"增强现实"。戴上 AR 眼镜后，眼前虽然会出现现实世界中的场景，但并不是真的，而是通过 AR 眼镜的摄像头和传感器进行光学和视觉技术处理之后的场景。换句话说，通过 AR 眼镜看到的花园是 AR 眼镜呈现出来的虚拟场景，是合成出来的效果。在 AR 眼镜技术成熟和大规模商业化之后，人们随时随地可以戴上 AR 眼镜进入电影世界，通过 AR 眼镜可以练习无人机驾驶技术。

● 如果说 VR 眼镜是迈入虚拟空间的第一步、AR 眼镜是虚实结合的进一步跨越，那么 MR 眼镜就是连接虚拟空间和物理空间的大门，打通了两者的边界，并将其融合起来。戴上 MR 眼镜之后，既可以看到虚拟空间，又可以看到物理空间。例如，在真人版皮卡丘的电影《皮卡丘大侦探》中，一群可爱的口袋妖怪出现在演员身边，尽管在当时人们都知道这是通过特效合成出来的效果，技术还有待提高，但在未来 MR 眼镜普及之后，人们自己在家也能看见这些"小可爱"穿梭于房间和家具之间了。

随着技术越来越发达，手机屏幕将无法满足人们的需求和憧憬，"纸片人"变成"立体人"将是重要的发展方向。实际上，VR 眼镜、AR 眼镜、MR 眼镜就是将手机中的"纸片人"变成虚拟空间中"立体人"的载体。

扩 展 阅 读

目前，VR 眼镜和 AR 眼镜已经开始进行商业化尝试。一直以来，被人们诟病的一点就是眩晕，即戴上一段时间后，会感觉头晕目眩、身体平衡感降低。为了解决这个问题，科学家引入 Mems 传感器和眼球追踪技术。眩晕感源于虚拟空间与人的眼球活动不同步，Mems 传感器和眼球追踪技术可通过抓取眼球的移动来减少这种延迟。以后的 VR 眼镜或 AR 眼镜会像普通眼镜一般无延迟，即在现实世界中看到的场景是什么样，在元宇宙世界就是什么样。

当然了，可穿戴设备不仅包括 VR 眼镜、AR 眼镜、MR 眼镜，还包括手环、手表及健康管理的仪器等。目前，已经商业化的可穿戴设备还没有与元宇宙紧密结合，制造成本也是居高不下。但随着技术的发展，元宇宙可能成为一个人人可用的大众化平台，可穿戴设备的成本将会大幅度降低，并发挥出更大的作用。

不过，日常生活会永远依托于可穿戴设备吗？很难想象剧院内的所有人都戴着 VR 眼镜来欣赏一部电影、一部话剧。实际上，VR 眼镜、AR 眼镜、MR 眼镜将与全息技术长期并存，并分别服务于不同的场景，人们的终极目标是通过脑机接口直接进入虚拟空间，即通过意念开启新世界的大门。

三、智能终端：多项终端技术的集合体

智能终端是一类嵌入式设备，如智能手机、智能热水器、平板电脑、智能电视、智能冰箱、智能机顶盒等，能够接入互联网，并能对输入的指令进行处理和反馈。简单来说，在信息传输到智能终端后，它就已经知道应该干什么，并给出相应的反馈。常见的智能终端如图 5-2 所示。

图 5-2

智能终端之所以能够完成一系列操作流程，是因为在智能终端的系统中包含了高性能的中央处理器、存储器、操作系统、应用程序等。以华为的智能屏为例，它用光线传感器和 6 个麦克风扩大了可视听范围，可利用更广的视野和更敏锐的

听觉记录周边的场景。智能屏还囊括很多 AI 功能。例如，用户在智能屏前健身时，智能屏可对用户的动作、幅度进行识别和分析，并告诉用户哪些动作不到位；利用对人体动作的识别，智能屏可通过用户的手势来执行指令。智能屏不同于高级电视机，能实现人与机器的联动和互动，并且具备强大的感知信息、分析信息和处理信息的能力，能够满足人们的更多需求。

智能终端之所以拥有如此强大的功能，是因为其具有完善的技术架构，而一切架构都离不开一个东西——芯片。

扩　展　阅　读

近些年来，芯片是一个常常被提及的词语，甚至在国际关系中，成为多国博弈的一环。为什么芯片能有如此作用呢？

实际上，芯片是一种集成电路，是以导线连接在半导体材料上制作出的二极管、三极管、电阻、电容等电子元件而成。芯片通过这些电子元件完成对信息的存储、传输和处理。不过，若想让芯片具有更加强大的承载能力和更快的运行速度，发挥更大的作用，就需要进一步提高芯片上的电子元件数量：1959 年，在一块芯片上可嵌入 6 个电子元件；1971 年，在一块芯片上可嵌入 2000 个电子元件；2004 年，在一块芯片上可嵌入上百亿个电子元件。截至目前，已经不能一味依靠增加芯片的面积来提高电子元件数量了：一方面，人们想到了让集成电路立体化的办法来容纳更多的电子元件，就好像在城市面积不能大规模增加时，通过把房子盖得更高来容纳更多的居民；另一方面，人们想办法缩小"制程"，也就是让电子元件的面积变小，让芯片能够容纳更多的电子元件。芯片技术就是要进一步将集成电路精细化，让芯片能够承载更多的电子元件。但这并非易事，就好比在米粒上雕刻图案，不仅需要扎实的雕刻技术，还需要更为先进的雕刻工具。

这也是为什么芯片技术在全世界都备受重视的原因。

随着物联网的到来，各种智能终端设备飞速发展，以前只有少部分电子设备需要芯片，现在越来越多的电子设备，不论是民用级还是工业级都需要装载芯片。与此同时，电子设备对芯片的性能要求越来越高。例如：

- 从原材料的角度看，芯片对硅的纯度要求越来越高。这就好比在一条宽为5 米的马路中间横着 2 块直径为 1 米的大石头，不仅行车的安全性降低，行车速度也会变慢；如果在一条宽为 40 米的马路中间横着一块直径为 0.2米的小石头，那么行车的安全性和速度都会得到明显提升。

- 从芯片处理设备的角度看，若想在芯片上嵌入更多、更精密的电子元件，则需要更为先进的"雕刻工具"，即光刻机。光刻机并不是在芯片上雕刻，而是"投影"到光刻胶上，通过化学药液反应和清洗形成集成电路的图形，如同冲洗照片一般。从我国的情况来看，由于缺少光刻机，所以在高端芯片的制造方面竞争力不足。在 2020 年全球的芯片销售额中，美国芯片企业独占约 47%的份额；对于芯片产业链上游的 EDA 产业，美国三大公司Synopsys、Cadence、Mentor Graphics 的市场份额合计超过 80%。

因此，"中国芯"的道路并不好走，踏入这个赛道的攻坚者们不仅需要十年如一日的技术突破，还需要集合产业势能共同协作，方能形成真正的竞争力。

▶ 第二节　数据传输：构建超时空的连接桥梁

一、互联网协议：成就互联网的高速发展

由于元宇宙的基础功能是交流，因此必然离不开互联网的通信体系。早在互联网诞生之初，人们就注意到一个问题：计算机之间如何交流呢？其实，

计算机之间是通过互联网协议相互沟通的。这个协议的网络架构分为多个层次。TCP/IP 协议簇模型如图 5-3 所示。下面以熟知的 TCP/IP 5 层模型为例进行介绍。

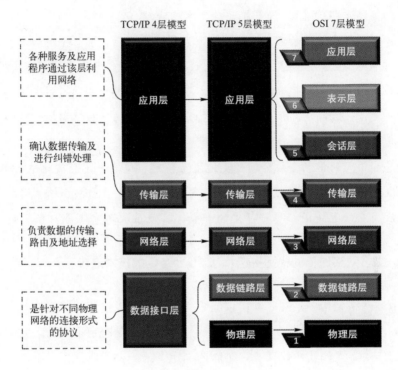

图 5-3

- 物理层：包括电缆、光纤等实体设备，用于连接所有计算机。物理层让各类信号有了传输基础，是网络通信的最基本条件。
- 数据链路层：计算机语言由 "0" 和 "1" 组成，即无论图像、音频、视频还是文字，都以 "0" 和 "1" 的方式被计算机接收和理解，在信息传输时需要进行分组，以太网协议用于对分组方式进行定义和说明。
- 网络层：正如邮寄包裹时需要寄件人地址和收件人地址一样，在信息传输过程中，会将发送和接收信息的计算机地址定义和明确下来。IP 协议是用于定义计算机地址的协议，所规定的地址被称为 IP 地址，也就是计算机

115

的位置。实际上，IP 地址不是计算机的全部信息，在信息传输时还需要判断不同的计算机是否属于同一个子网络，即需要用到子网掩码。在有了 IP 地址（类似于通信地址中的小区地址）和子网掩码后（类似于通信地址中的楼层和门牌号），计算机就有了准确地址。

● 传输层：在有了物理层、数据链路层、网络层后，实际上已经建立起了通信网络，但这还不够，因为同一台计算机可能会在网络中执行不同的程序，帮助用户执行不同的事情。例如，一边浏览新闻，一边听歌；一边与朋友聊天，一边购物。那么在信息传输过程中，如何区分不同的程序呢？答案是端口。端口（Port）用来表示某个信息所对应的程序，例如，听歌的信息和聊天的信息会被分门别类地发至特定端口，并不会彼此造成干扰。

● 应用层：用户平时搜索新闻、观看视频、回复帖子等都属于网络架构的应用层，也是用户唯一可见的部分，其他层次都看不见、摸不着。

二、网络通信的代际更迭：从 1G 到 6G 的技术进步

在上述网络架构中，互联网协议一直贯穿其中，以便让计算机的互通达成一致。实际上，互联网协议并不只有一种或几种，也不是固定不变的。为了让协议更好地起作用，人们让协议在一定时间内固定下来，并形成规范。不过，有了规范还不够，人们还需要更加宏观、全面的指导和约束，于是由官方指定了标准（标准是指在互联网的名词定义、技术范围、操作流程等方面进行全面解释和规定，比起协议和规范来说，具备更强的专业性、实用性、约束力）。

互联网的协议、规范和标准为网络通信打下了坚实基础，在此基础上进行了不同时期的网络通信（见图 5-4）。近年来人们经常谈论的 5G 或 6G 中的"G"为 Generation 的首字母，即网络通信的代际更迭。

（1）1G

1G 是第一代移动通信技术，实现了"移动"能力与"通信"能力的结合，成

为移动通信从无到有的里程碑，拉开了移动通信的演进序幕。人们熟知的像砖头一样拿在手里的大哥大，只能语音通话，不能发送文字，网络容量十分有限，应用的就是 1G 网络。

图 5-4

（2）2G

2G 使用了与 1G 不同的标准，完成了从模拟体制向数字体制的全面过渡，并开始扩展支持的业务维度，即从 2G 开始，人们可使用短信来传达信息。这时出现的诺基亚、摩托罗拉等经典款手机，成为很多人难忘的记忆。

（3）3G

3G 将无线通信与多媒体融合，形成了新一代移动通信技术。3G 的标准主要包括高通提出的 CDMA2000、国际电信联盟提出的 WCDMA，以及中国提出的 TD-SCDMA 等。此时，人们可以通过手机浏览网页、发送邮件、观看视频等。智能手机慢慢进入人们的视野，并被广泛使用：苹果、三星、诺基亚、HTC 各领风骚。我国也有"中华酷联"四大手机（中兴、华为、酷派、联想）。再后来，小米横空出世，又是一番佳话。

（4）4G

4G 是集 3G 与 WLAN 于一体，能够快速传输音频、视频和图像等高质量数据的通信技术，也就是常说的蜂窝网络。相对 3G 而言，4G 的传输速率更快，网络频谱更宽，通信灵活度更高，兼容性更好。至此，移动互联网已经较为成熟，手机 App 逐渐"占领"日常生活：电商领域的阿里巴巴和京东、从外卖领域崛起的美团，以及短视频领域的抖音、快手等 App 纷至沓来。

（5）5G

5G 是具有数据速率高、延迟少、成本低、容量大和设备连接广等特点的新一代移动通信技术。其通信设施是实现人、机、物互联的网络基础设施。此时的互联网应用场景更加丰富，以智能家居、智慧校园、智慧社区、智慧城市、智慧医疗等为代表的物联网场景，从人们的生活细节到城市的发展，无一不在 5G 的辐射范围内。

相对 4G 而言，5G 具有如下优势：

● 通信时依靠的主要是电磁波，电磁波的频率越大，通信速度越快、效率越高。若要使用电磁波来通信，就必须占用频率资源。这个资源并不是取之不尽、用之不竭的，就像一条大马路，虽然更宽的马路能走更多的车，但马路并不能一直不停地扩展，需要合理规划和设计。4G 所处的频段虽然较低，但因技术比较成熟，所以覆盖广、稳定性强。5G 将电磁波的高频段使用起来，让通信变得更加快速和便捷。

● 5G 的传输速度更快，同步性更好。例如，随着 5G 技术的完善，网上看春晚与现场看春晚的延迟越来越小。若用数据来描述，则 5G 在每平方千米内的最大连接数是 4G 在每平方千米内最大连接数的 100 倍，5G 支持的最高移动速度是 4G 支持最高移动速度的 1.5 倍。

● 与 4G 相比，5G 的传输路径有了较大的改变。以往在传输信息时，需要先传到基站，再在基站进行中转处理。使用 5G 后，可以做到设备与设备之间直接传输信息，不再需要基站中转。传输路径的改变，为个人带来的改变是传输速度得到了显著提高；对通信公司带来的改变是成本得到了显著降低。

● 和 4G 相比，5G 带来了全新的应用场景，如图 5-5 所示，具体来说主要有三种：增强移动宽带（eMBB）、海量机器通信（mMTC）和超高可靠低时延通信（uRLLC）。增强移动宽带（eMBB）的应用场景是指以用户为场景的核心来提高网络的传输速度，是最接近日常生活的应用场景，因为网速会有大幅度提升，无论听音乐、看视频、玩游戏，还是下载电影，都不需要等待太长时间。海量机器通信（mMTC）主要面向物联网业务，具有功耗低、连接多、延迟低等特点，主要针对传感器的应用和其他收集数据的场合，能够满足大量数据的收集和反馈需求，同时降低了能耗和经济成本；超高可靠低时延通信（uRLLC）提供了更加可靠和可用的通信服务，大大降低了延时性，在工业领域、交通管理、远程培训、自动驾驶领域具有相当大的潜力。

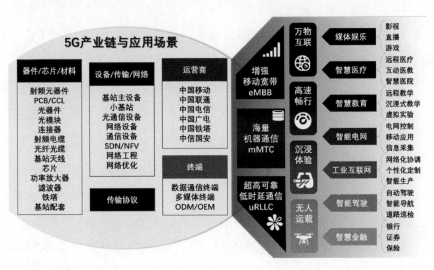

图 5-5

（6）6G

6G 意味着什么呢？按照目前人们的设想，6G 意味着传输速率是 5G 的 50 倍，延时可减少至现有延时的十分之一，在峰值速率、流量密度、连接数密度、移动性、频谱效率、定位能力等方面也会有相当大的改进。按照科学家的设计，6G 网络会将延时降低到 1μs 甚至更低，室内定位精确度误差达到 10cm 以内，室外为 1m 以内。在覆盖范围上，6G 可将所有的人、机、物连接进去，真正做到"万物互联"，通过地面无线通信系统与卫星通信结合，打造全球通信网络。

实际上，近年来，韩国、日本、芬兰、美国均已开始布局，希望在 6G 技术上取得先发优势。不过目前，各国对 6G 仍然处于规划、研发阶段。下面畅想一下 6G 时代的美好愿景：6G 的速度有多快呢？现在 5G 的下载速度约是 600Mb/s，6G 的下载速度将会达到 1Tb/s，也就是说，一个大型的电脑游戏，仅用时 1s 就能下载完成；如果说 5G 时代是人与人、人与物之间的通信和协作，那么 6G 时代则是一个万物互联的世界，通信的基础设施就像水龙头一样，成为日常生活中最常见的一环；在高效提升网络速率的前提下，6G 将建立"人-机-物"一体化的系统，并且植入智慧内生、多位感知、数字孪生、安全内生等各项功能。

未来 6G 的应用场景将是全面而强大的。在经济发展领域，未来人们对电力要求更高，以 6G 为基础，人们可以建立更安全、更高效、更节能、更环保的电力系统，通过强大的传输能力，将电力系统提能增效并与实体产业结合起来。在工业生产方面，工厂能够借助 6G 接入更加海量的数据，结合人工智能、大数据、云计算等技术进一步优化生产。到了 2030 年，我国需要完成碳达峰的目标，6G 能够带来更高效的数字化管理能力，可加强对能耗使用情况的观察和预测，进而优化决策。

可以预见的是，得益于 6G 技术的大规模应用，超实感扩展现实、高保真移动全息显示等服务将有可能问世。这也是为什么元宇宙会在近两年火爆起来，而不是 5 年前，更不是 10 年前。从目前的技术和概念的发展情况来看，距离真正实现元宇宙的目标并不遥远。元宇宙必须具备的技术场景，已在不知不觉中一步步演进而来。

▶ 第三节　云计算：元宇宙的智能大脑

👥 一、云：从公有云、私有云到混合云

云是一种强大的、复杂的全球远程网络服务系统，可让所有服务和功能在线化。试想一下，如果一切信息都可存储在云中，会有怎样的效果呢？显而易见，对线下物理空间的依赖会减少，不再需要 U 盘或硬盘进行存储，只要有网络，随时可以下载。

云作为一个信息管理和处理系统，常常被定义为公有云、私有云、混合云，如图 5-6 所示。

- 公有云，顾名思义，就是第三方供应商为用户提供的云服务。一般来说，公有云免费或收费较低，具有较强的开放性。正是因为其能够开放和共享，所以公有云能够真正打通上下游，形成新的产业链。
- 私有云是根据用户的具体需求而提供的专门云服务，不对外开放。一般来说，公有云和私有云在使用上略有区别：公有云更加方便和快捷，虽然可以轻松实现不同设备、不同用户之间的数据共享，随时随地上传和下载，享用无限的资源和存储空间，但因数据存储在"公共仓库"——云服务中心，所以一些用户对其安全性和隐私性有些担心，在一些数据归属和法律问题上还有待明确；私有云具有更高的隐私性和安全性，虽然是专门为用户量身打造的，服务体验更好，但不具备方便、快捷的分享功能。

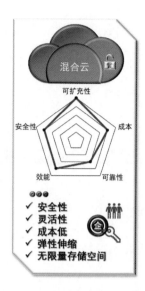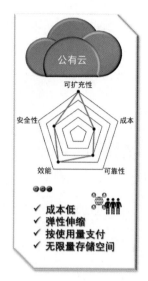

图 5-6

- 混合云结合了公有云、私有云的特点和优势，是近几年供应商主要的研发方向。从逻辑上看，混合云就是将公有云与私有云结合，让企业将数据存储在私有云中，在数据和资源共享时使用公有云，或是将数据分批存储，将敏感性较高的信息存储在私有云中，公开数据则存储在公有云中。这种更加灵活的解决方案，兼顾了经济成本和数据安全，相对来说更能满足企业的需求。只是目前混合云仍处于起步阶段，实践效果还需要更多检验。与此同时，公有云还应尝试引入更多的安全技术，如身份认证、数据隔离和数据加密等。

二、云计算：IT 专业化分工为企业赋能

在有了云服务后，就要开始利用它做事情，即人们常说的云计算。这里的"计算"并不是指数学计算，而是指计算机信息处理。云计算的三种服务模式，即基础设施即服务（IaaS）、平台即服务（PaaS）、软件即服务（SaaS），如图 5-7 所示。云计算实际上是把之前由本地服务器处理的任务"搬"到云

上。这么做有什么好处呢？

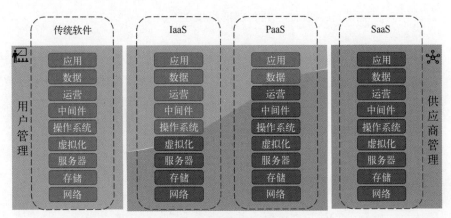

图 5-7

- 第一，解决了地理空间的问题。因为在云端不仅允许多台计算机同时运行，还允许在不同地点上传、下载、处理数据。这样一来，企业不必在各地派驻人员进行实地办公，只需要安排好人员和任务即可。
- 第二，降低了本地部署成本。以往企业为了处理数据，可能需要租用一个机房，安排几位数据工程师进行日常维护和支出，而现在只需要购买对应的云计算服务即可，不必再额外支出运营维护费用，真正实现"用多少买多少"，即只为选择的服务付费，不需要的部分不需要付费；以往随着数据的增多，企业的机房通常面临扩容的问题，需要专业的开发团队来处理，而云计算的空间不需要企业担心，只需要提出需求即可。

事实上，很多企业提出的"数字化转型"都与云计算相关。例如，利用云计算能力，电商企业可以全天候处理订单、统计销售额等；管理人员可以根据销售情况及时调整营销策略、改善业绩。与此同时，云计算能够与大数据、人工智能等技术结合，分析产品合适的人群，进行精准的用户画像，帮助企业改善产品定位，更快找到合适的解决方案。例如，在金融领域，与银行数据结合并加入一些算法模型，能够识别资金的异常流动和变化，生成一套完善的反洗钱程序；在网络安全领域，能识别诈骗、网络赌博等非法行为。

云计算与智能设备结合后，也能发挥重要的作用。

- 可穿戴设备：能自动上传身体各方面的指标数据，进行记录和分析之后，给出数据报告。对用户而言，可通过该数据报告进行适当的健身运动或改变饮食；对健康食品企业而言，通过该数据报告可预测用户的产品需求，从而改善产品，提高产品和用户需求的匹配度。
- 智能家居：大大提升数据的传输和处理速度，实现智能照明、环境控制、自动窗帘、影音控制等功能，减少卡顿等情况的发生。

云计算，可充分发挥数据价值，并在元宇宙的构建中推动技术进步。

在元宇宙中，云计算的作用就更不容忽视了。因为元宇宙是集成"软件+硬件"等各类技术的综合性平台，不仅需要运行在云端，还需要一个完善的技术体系来构建元宇宙，包括硬件、网络、算力、内容、应用生态、区块链、数字孪生等。这些技术的正常运行和运用都离不开云计算。为什么呢？原因有三：

- 第一，云端打破了物理边界和时间界限，减少了所有技术对现实物理设备的依赖，大大降低了成本，是通向虚拟空间的第一步。
- 第二，云计算不是一成不变的，可通过扩展方式让算力变得更强。简单来说，云计算搭载的 IT 资源是可以增加或减少的，就好像可通过增加或减少列车火车头的方式提高或降低运力。云计算在调整 IT 资源时不再需要像以往那样部署本地架构，整个过程更加方便、快捷。
- 第三，云计算具有弹性，在面对突然暴增的流量时，具有应急处理能力。

正是由于以上特性，决定了元宇宙世界能够以云计算为基础，向上搭建、扩展更多的功能和应用场景，适应虚拟空间的运行要求。

元宇宙的基础是对数据进行运算和处理。只有云计算能够满足对数据进行快速处理的需求，并确保数据的安全性和稳定性。原因有三：

● 第一，云计算能解决服务器崩溃的问题。当一个服务器不能正常使用的时候，下一个服务器将迅速接替其工作。同时，因为数据都被切分成小块，所以每台计算机只负责部分内容，可有效降低每台计算机的负担，让计算过程更加稳定和顺畅。

● 第二，随着元宇宙世界的不断更迭和演化，数据量会越来越大，数据的种类和形式也越来越多样，只有云计算的架构方式才能不断适应新的算力要求。

● 第三，元宇宙体系的技术层面较为复杂，不仅要结合人工智能、区块链和数字孪生等技术，还必须适应 VR、AR 及其他智能设备。云计算的可虚拟化、动态可拓展、高性价比、高灵活性和按需部署等特性，决定其能够满足元宇宙世界的建设需求，并且兼顾技术要求和成本要求。

以上这些特性决定了云计算是迈入元宇宙的基础技术，类似于积木的底座。云计算通过对数据的处理，打造好这个"底座"，从而给人们提供继续向上创作和发挥的空间。

目前的云计算水平距离真正搭建理想化的元宇宙世界还很遥远，算力问题在未来很长一段时间内都是难以克服的，就像一列高速行驶的列车需要强大的引擎一样，人们需要努力研究并开发这个"引擎"。

三、云存储：从传统的 IDC 到云数据中心

在数据爆炸推动大数据和云计算发展之时，大数据和云计算又反过来进一步促进了数据处理和存储的需求。人们面临着如何解决数据量的存储和管理问题。

正如之前提到的，IDC 是涵盖网络建设、基础设施搭建和云计算服务等的综合性数据服务机构，既可为用户存放服务器，也可围绕数据提供相关服务，就好比一个贴心的管家，不仅能帮主人把无法存放在房间的物品搬去库房，还能分门别类地整理物品，定期查看物品。IDC 以机房为中心，配置了一系列管理系统，包括电源、UPS 系统、电源管理系统静态开关、避雷系统、空调、监控系统、服务与布线架、油机系统，如图 5-8 所示。

图 5-8

传统的 IDC 服务包括实体服务器托管和租用两类：

● 实体服务器托管是用户把自身的服务器放在 IDC，由 IDC 提供后续的配套服务和日常的运营管理，如 IP 接入、带宽接入、电力供应和网络维护等。

● 租用则是由 IDC 提供服务器，用户直接支付租赁和服务费用即可。

在云计算时代，用户会对数据的需求发生变化，传统的 IDC 服务面临转型问题：如何更好地提供云计算服务。在这样的需求驱动下，云数据中心应运而生。

云数据中心的基础是云计算架构。它的服务器、存储、网络等高度虚拟化。用户不仅可以根据需要制定存储方案和服务，以便满足公有云和私有云的需求，还可以对业务进行流程化的自动管理。

比起传统的 IDC，云数据中心的软硬件不再分开，而是相互融合，相互交织的，且业务重心更加侧重于服务。云数据中心能够更好地对数据进行整合，通过跨实体服务器可实现短时间内的资源分配。在运行效率方面，由于云数据中心省去了很多硬件管理、维护和服务的工作，只专注于主要的业务板块，因此执行效率更高。在服务范畴方面，传统的 IDC 需要提供物理空间及相应的配套服务，云数据中心则直接提供整体化的服务，也就是说，在传统的 IDC 采购业务时可能需要对不同的服务模块进行洽谈；而对于云数据中心，只需要一套精准的方案就可以解决所有问题！

在算力急速增长的势头之下，云数据中心的出现是必然的，是未来数据管理过程中的重要载体。

- 首先，随着数据量的增长，需要建设更多的数据中心，当下的数据中心，无论质量还是数量，都存在极大的提升空间。目前，我国的数据中心总体上在向西部转移，东部地区的可用空间有限。因此，云数据中心的发展趋势是在能够满足数据需求的同时，减少空间消耗。

- 其次，当下数据中心的重资产运营方式增加了企业的资金成本和运营管理成本，并且提供增值服务（如网络安全、监管、风险筛查等服务）的能力和动力不足。云数据中心既能克服重资产运营的问题，又有足够的能力为企业提供增值服务。

- 最后，数据中心的能耗问题逐渐引发人们的关注。2020 年，我国数据中心的用电量达到 870 千瓦时，占据全社会用电量的 1.2%[1]。在我国提出 2030 年碳达峰的愿景之下，能耗问题越发突出，很多地方在建设数据中心时非常关注能耗问题。

总而言之，云数据中心具有长足的发展空间。虽然"路漫漫其修远兮"，但可以期待的是，在云数据中心越发成熟、云计算技术越发先进、算力越发强劲之时，人们离元宇宙就不远了！

---

1 数据来源：21 财经报道《破解数据中心能耗越来越高，全产业链实现碳中和目标》。

数字孪生：
子非鱼，安知鱼之乐

6

第6章

元宇宙是一个虚拟空间。虚拟空间作为物理空间的孪生兄弟，可以高度模拟物理空间中的各种场景和应用。虚拟空间既是一个人工的、数字化的世界，也是一个可计算的世界，能为物理空间的实际业务提供智能化解决方案。数字孪生是元宇宙的重要应用技术。其"镜像"技术思维把应用问题转化为计算问题，能充分激发 3D 数字人、数字工厂、数字经济及现有算力的潜能。

虚拟空间不是物理空间的替代，而是补充和延伸，能让物理空间的活动更加丰富。数字孪生通过构建物理对象的数字化镜像，描述物理对象在物理世界中的变化，好比照镜子，你做什么动作，镜子里的你就做什么动作，你做什么表情，镜子里的你就做什么表情，既没有延迟，也没有任何细枝末节的区别。你通过照镜子可以知道今天的衣服好不好看、妆容合不合适、表情管理到不到位。同样，人们通过数字孪生，在执行重大决定时（例如，在汽车的改款过程中，需要知道零部件、芯片和线路改动后的效果，如果用一辆真车来试验，则会耗时、耗力、耗财），可以省下"反复折腾"的时间和成本：只要在虚拟空间模拟各种方案，就会呈现不同改动和设计情境下的不同效果。

不过，数字孪生并不完全等同于镜子。镜子只能显示人们现在的样子，而数字孪生可以通过"看见"历史数据进行一定的预测性判断，即通过历史数据，并结合传感器等物理设备进行分析和判断。换句话说，数字孪生是可以下定论的技术。还以镜子做类比，例如，通过一块智能镜子不仅可以照出人们现在的样子，还可以通过记录人们昨天的样子、前天的样子或更早之前的样子，预测不久之后身形会更加紧致，在购买服装时建议选择更为紧身的衣服。数字孪生就是这样一块智能镜子，通过对数据的观测、分析给出结论和预测性的判断。

在了解数字孪生的功能后，或许会产生疑问：数字孪生具有如此神奇的功能，那它的具体应用包括哪些呢？是否已经开始大规模推广和商业应用了呢？这正是本章将要探讨的内容。

▶ 第一节　数字孪生：源于现实，超越现实

在具体讲述数字孪生之前，先来认识一下元宇宙世界中的 3D 数字人和虚拟人。

一、3D 数字人：提供沉浸式体验

元宇宙的基础建设是 3D 数字分身（3D 数字人），也就是物理空间中的人和物在虚拟空间中的映射。通过观察 Facebook 或微软的元宇宙实践案例可以发现，在所描绘的元宇宙场景中，都将 3D 数字人作为最基本和最核心的要素。然而，无论是元宇宙社交还是元宇宙的工作场景，目前能看到的画面都不精美，还是传统的"卡通人"形象。这是因为现在的技术还比较原始，无法达到高品质画面的要求。换句话说，3D 数字人还只是平面世界中的卡通人，不是一个立体生动、能做很多动作的动态人。

那么，为什么一定要将人数字化和动态化呢？因为 3D 数字人是沉浸式体验的第一步，也是探索元宇宙必须迈出的一步。如果没有 3D 数字人，则元宇宙无法形成一个环绕式的立体世界，更无法提供沉浸式的体验。

什么是沉浸式体验？沉浸式体验是通过环境的打造和多种技术手段的结合，让人感受到真实感、愉悦感和全方位的新鲜感。沉浸式体验的打造既需要技术集成和应用，也需要文化层面的投入和建设，包括内容设计、精神内核的塑造和对玩家的引导。

例如，在一个普通的 3D 游戏中，玩家作为一个潜水员在大海里畅游，虽然能听到波浪声，但没有触觉，感受不到海水从身边流过的感觉，能够清晰且明确地知道，这只是一个游戏；而 3D 数字化所带来的沉浸式体验则完全不同：在大海里畅游，既能听到波浪声，也能感受到身体在大海里的起伏感，甚至在有鱼儿

从身边游过时，可以伸手触摸它光滑的背部。不仅如此，通过与海洋动物的互动，玩家可能会对大海产生更深入的认识，开始思考人和海洋的关系。这就是沉浸式体验所带来的感受。

以 Facebook 描绘的元宇宙场景为例，整个房间中的所有物品都将数字化。换句话说，在元宇宙世界，人们看到的不再是视频里的物品，而是摸起来有质感的"真实"物品，既能感受原木的粗糙、大理石的冰冷、泥土的黏软，也会因为感觉手上有灰而想快速擦掉。这些感受都是由元宇宙中的 3D 数字人来承载和完成的。

3D 数字人能够感受细节，还原现实世界中的一切场景，此时此刻，他就是你。那么问题来了，这个 3D 数字人是如何创建出来的呢？就目前的应用技术而言，虽然已经开始了部分探索，但利用真人做出来的 3D 数字人非常少，主要原因是制作成本高、技术难度大。例如，2021 年上半年，英伟达的首席执行官黄仁勋，利用他的 3D 数字人完美骗过了所有人：他虽然在出席英伟达 2021 GTC 大会时发表了演说，但演说者并不是他本人，而是他的 3D 数字人，人们直呼其 3D 数字人足以以假乱真。实际上，在黄仁勋的 3D 数字人出现的 20 秒时间里，共有 34 个 3D 美术师、15 个软件工程师参与其中。

3D 数字人既不是由画师创作的画稿，也不是由电影特效工程师用电脑合成的立体人，而是以物理空间的真实数据为基础创建的，既具备人体的真实外观（包括性别、身高、体型、五官、神态等），也具备人类的行为能力（例如，能走路、跑步，执行各式各样的动作），还拥有表达和沟通能力，可以通过语言、神态、手势或动作传达和获取信息。未来的 3D 数字人，甚至还能具备人类的思维能力，产生"思想"，与人互动。

目前，3D 数字人的创建仍处于起步阶段，需要以人体建模为基础搭建技术模型和应用。在制作人体模型的方式上，比较常见的做法有如下三种。

- 第一，利用手持扫描仪扫描人体。此时被采集人坐在特定区域不动，由于灯光刺眼，被采集人的眼睛无法睁开，所以体验较差。这种被称为静态扫描建模的技术，不仅体验上有所欠缺，在精度上也略显不足，而且缺乏足够的采集效率，扫描速度一般在 1 秒以上，有些可达到 1 分钟，常用于工业领域。

- 第二，即黄仁勋的做法，先通过 100 多个单反相机对他进行 360° 无死角地拍照，采集他的面部表情和行为动作的精确数据，然后由动作替身执行一系列的动作，最后通过英伟达的 RTX 渲染器进行实时光线追踪，在结合他说话时的口型和肌肉习惯等各方面的细节后，一个以假乱真的 3D 数字人就制作出来了。这种方式虽然相对第一种方式而言进步很大，但成本较高，不仅整套设备需要上百万元人民币，而且需要专业人员调试和布局相机，对灯光等环境要素也具有较高的要求。除此之外，这项技术本身在元宇宙时代还不足以支撑 3D 数字人体系，因为在人物描绘和动作的精确度上，与理想状况还存在不少差距。

- 第三，利用相机进行列阵扫描重建。以优链时代的 3D 云阵相机为例，拍摄人员按下操作键即可开始拍摄，通过全方位无死角的摄像头对人体点的云数据进行采集后，能瞬间建好人体模型，被采集人也不用忍受刺眼的灯光和无休止地拍摄。优链时代的 3D 云阵相机被认为是目前成本最低的 3D 数字人创建方式。

除了人体模型，3D 数字人为了能够执行与被采集人相同的动作，还需要通过动作捕捉技术进行动作捕捉，具体操作：先在被采集人身上绑上一些感应点，然后被采集人执行一些动作，由摄像头进行感知。例如，被采集人走路时，摄像头能够捕捉到被采集人骨骼点变动的轨迹。通过动作捕捉技术，被采集人的每个动作习惯都逃不过摄像头。实际上，动作捕捉技术早已在电影制作行业中得到了应用。例如，2001 年，《指环王》中的咕噜就是通过 CG 技术和动作捕捉技术制作出来的；在电影《加勒比海盗》《猩球崛起》中也使用过类似技术。

经过以上这些步骤，3D 数字人虽已初具生命力，但还远远不够。

实际上，3D 数字人除了需要塑造人物形象，还需要具备语音、动画生成、音视频合成等功能：语音功能让 3D 数字人可以根据文本生成对应的语言，从而能够"说话"；动画生成功能用于形成与被采集人匹配的人物动画；音视频合成功能用于融合语音和动画，让 3D 数字人成为既能执行动作，又能开口说话的"小人"。

在基本的技术体系之上，3D 数字人还将具有更强大的功能——智能化，变成一个会思考、会分析、有判断能力的"小人"。实现这一功能的方式：在交互模块发展成熟之后，3D 数字人能够识别出外部信息并进行分析和解读，经过"思考"后作出决策和反应，即能在程序的驱使下与人互动，通过指令来执行动作、与人对话等，让人与 3D 数字人产生更加紧密的联系和互动，也会产生更为深入和丰富的体验感。

除此之外，渲染技术的提升也将增强 3D 数字人的真实性和体验感。例如，重光照技术通过采集、模拟各种光照条件来计算 3D 数字人的表面，并且合成出在不同条件下的渲染效果，从而让 3D 数字人看起来更有质感，也更加真实。同时，渲染技术的提升会降低动态的延时性。也就是说，未来的 3D 数字人会和被采集人越来越同步，真实和虚拟的差距逐渐变小。

例如，元宇宙世界中，服装店的"一键换装"应用就是利用自己的 3D 数字人在虚拟空间中完成换装的，既可以快速试衣服，避免在试衣间外排长队，也可以搭配不同的发型和妆容；既能帮助服装店实现低成本的高效营销，也可以让用户获得更加真实的体验感。

3D 数字人的普及化应用将让商业宣传变得更加"亲切"，广告所带来的不再是令人恼火的距离感，而是会让更多的人愿意体验或参与到广告中来，商家和顾客之间不再是对立关系，而是会像朋友一样互动和交流，可在更加平等的空间交流并产生精神共鸣。

👥 二、虚拟人：实现产能复制

2007 年，日本推出虚拟歌姬"初音未来"，刚一推出立即引发热议：不就是个会唱歌的漫画小人吗？初音未来的声音是以语音合成技术为基础，以日本声优藤田咲的声音为样本合成而来。那时人们还没意识到，虚拟人不仅能够唱歌跳舞，还能在元宇宙世界发挥更大的作用。

扩　展　阅　读

　　2021 年，清华大学迎来了首个虚拟人学生"华智冰"。她不仅拥有如真人般的面容，而且具备一定的智商。在清华大学的课堂上，她既能跟随真实的老师学习，也能参与真实的学生生活。人工智能作为底层技术，让虚拟人逐步建立认知能力，这将是未来的发展趋势。通过机器学习技术，可训练虚拟人，让它不断学习和成长，使其能够深度参与真实的商业业态或产业，甚至产生影响现实世界的能力。

　　构建虚拟人生态的目的是通过技术让元宇宙下行到现实世界、现实世界上行到元宇宙，打通虚拟和现实的通道。

　　虚拟人生态就像是一根管道：人类在这头，元宇宙在那头。人类通过管道不仅可以进入元宇宙世界，也可以从元宇宙世界回归到现实世界。这一过程被称为"场景"，即各项技术实际落地的案例。虚实融合、虚实共生的示意图如图 6-1 所示。例如，初音未来唱歌和华智冰在清华大学上课就是场景。

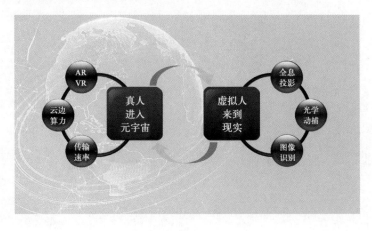

图 6-1

实际上，虚拟人生态的构建分为线上和线下两部分。虽然目前人们对虚拟人的关注主要集中在线上，甚至很多人认为虚拟人只是对动漫人物的升级和改造，但实际上，虚拟人不仅能在线上拥有广阔的发展空间，还能在现实世界中产生深远的影响。

- 线上博物馆中的虚拟讲解员，能将文物背后的精彩故事娓娓道来；线上科技馆、线上主题乐园中的虚拟导游，能与孩子们互动和交流；线上会议让虚拟人担任主持人，不仅拥有专业主持人的出色表现，还具备各种定制化的功能和外表，可满足不同会议的场景需要。

- 在全息投影技术越发成熟后，虚拟人可以出现在各种线下场合。例如，在金融行业，可通过智能理财顾问、智能客服等角色向用户提供不同的服务，用户也不必在线下长时间等待人工客服；在零售行业，可通过虚拟人进行数据分析、个性营销、智能上架等，未来甚至可以开设无人商店。虚拟人并不是取代现实世界中的人类，而是把人类的线上生活延伸到线下，形成一个更加多元化的形态。他们不需要休息，可以"变成"任何人，如同分身一样，有着较低的运营成本和稳定不易出错的程序，并能提供丰富的AI交互场景，例如全息剧场、沉浸式戏剧、沉浸式主题乐园、虚拟偶像演唱会等，如图 6-2 所示。

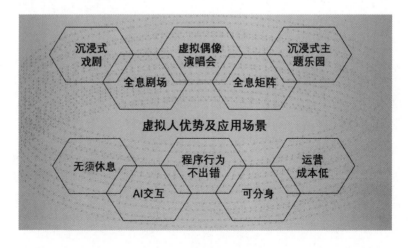

图 6-2

目前，虚拟人已经有了实际落地的尝试：邓丽君的虚拟人可在演唱会上复现一代歌后的精彩演唱，甚至完成与周杰伦的隔空对唱，让人产生一种恍如隔世的感觉，两个不同年代的歌手在此刻"重逢"，故去的声音仿佛获得了重生。技术不仅能让场景落地，也能让朴实真挚的情感有了释放空间。

随着技术的成熟，虚拟人将频繁出现在日常生活中，例如，作为孩子的家庭教师。至于虚拟人是否能完全代替真人教师，是否具备真实的情感和关怀，只能等时间给出答案。技术和人文精神并不是冲突、矛盾的，只是在历史的长河中，常常需要强化和平衡。虚拟人拥有广阔的发展空间，如果能以合适的方式、出现在合适的地方，则虚拟人能为人们提供相当大的便利，解决人们生活节奏快、事务繁杂等问题，让人们在有限的时间内做更多的事情，突破时间和地域的限制，全面提高生活、工作、出行、办公效率。目前，科学家已经为虚拟人的未来发展定下两大目标：

● 第一大目标是更加拟人化，即在外观、动作等方面更接近真人。这是虚拟人未来发展过程中首先要面对的问题。虽然之前的部分 3D 数字人看起来有些僵硬，有时候表情和手势不太自然，但随着计算机图形学技术、建模技术、动作捕捉技术的迅速发展，现在创造出来的3D 数字人已经可以精细到每根毛发、每寸皮肤。不仅如此，未来还需要以快速和经济的方式来制作虚拟人，从而实现虚拟人的商业化和产业化。

● 第二大目标是让虚拟人的大脑进化，使其变得更加智能。不仅虚拟人看起来像人，其行为表现也要与人一样，能说话、能做事、能思考、能判断，有情绪，会吐槽，甚至与人吵架，就像在动画片《铁臂阿童木》中，阿童木和妞佳作为两个机器人产生了类似人类的情感。

那么，虚拟人必须具备哪些能力才能实现以上发展目标呢？一般认为需要具备如下 4 项能力。

- 第一，自然语言识别能力和知识处理能力，即虚拟人能听懂人类说话，并且根据已有的知识储备给出一定的回应。例如，对虚拟人说："今天好冷"，它可回答："现在已经是冬天了，要多穿一点衣服呦"。其实现在的部分智能设备已经具备这一能力，如小爱同学、天猫精灵和苹果手机的 Siri 等。但不同于这些智能设备，虚拟人将具备更强大的处理能力，能处理更复杂和多元的情况，具备生活常识，懂得人类社会的生存规则、道德伦理和法律法规等。

- 第二，视觉智能，就像人类拥有眼睛一样，虚拟人也需要一双虚拟的眼睛来观察周边环境，从而在走路时避开车辆，找到正确的建筑物入口，正确认出与其打招呼的人。只有具备视觉智能的虚拟人，才能自由地开展各种活动，进行相关探索。

- 第三，行为智能，即虚拟人可以完成特定的指令和行为。例如，通过语言下达指令，让虚拟人开采资源、建造房屋、打扫卫生或整理道具。不同于扫地机器人只能沿着既定的路线打扫，虚拟人不需要划定范围，能自动识别障碍并绕过去，即便摔倒了，也能自己爬起来，甚至能通过机器学习来积累经验，从而具备一些专业能力和专业知识。例如，虚拟人"扮演"餐厅老板时，需要具备接待客人、整理餐具、做菜等相关技能。不同于现有的服务机器人只能根据特定问题给出固定的回复，虚拟人的行为能力将会更加灵活，会自己作出分析、判断、反馈。例如，遇到不会做的菜时，虚拟人会通过查菜谱或请教厨师的方式解决。换句话说，虚拟人能够解决一些程序规定以外的事情，就好像人类通过不断积累学会了思考和处理问题一样。

● 第四，思维智能，即虚拟人会有自己的思维和想法、自己的情绪和性格。有些虚拟人可能外向一点，有些虚拟人则比较内向和严肃。在情绪方面，虚拟人会因弄丢了东西而感到难过，会因与人互动而感到开心，会因听到好笑的事而笑出声来，会因观看催泪的电影而留下伤心的泪水。在肢体语言方面，随着对话内容的不同、所处环境的不同，虚拟人会做出不同的表情和动作。例如，拍照时会用手指比划"耶"；与朋友玩闹时会假装伸出拳头。在交互方面，虚拟人具备更加丰富的互动性，会变成互动的主动方，而不是被动地等待指令。例如，虚拟人"扮演"推销员时，会主动将产品推销给路过的潜在用户；遇到困难时，会主动找人帮忙。总之，虚拟人不是游戏中的 NPC，而是真正接近于现实世界中的人。

从现有的技术来看，虚拟人距离拥有以上能力还有很长的路要走。若想取得进一步的发展和突破，仍需面临诸多挑战。

破解这些挑战的方法是 AIGC，即人工智能内容生成。这项技术不仅能够解决现有虚拟人的技术问题，还能对整个元宇宙的生态体系产生重要影响（这部分内容将在后续章节中深入介绍）。元宇宙中由 AIGC 生成的虚拟人，是以真人作为依托，通过深度学习、动作模仿等技术，将采集到的真人视频，以模型训练的方式生成的数字分身（可以将这个数字分身想象成元宇宙世界中的克隆人，拥有和本尊一样的相貌、神态、肢体语言，甚至是口音和用词习惯）。随着近几年虚拟人技术的发展，虚拟人在仿真度和精细度方面有了显著提升，虚拟人和真人的差异越来越小。

目前，虚拟人已经在一些场景中得到应用，如社交、媒体、金融、电商直播、教育等高度依赖沟通的场景。样貌好看、逼真、足够智能的虚拟人在帮助企业降低对外宣传成本的同时，还能帮助企业塑造可靠、真实、亲切的对外形象，拉近与客户的距离。除了沟通类的场景，目前虚拟人在旅游讲解、会议介绍、公开场合互动交流等方面也起到了一定的作用。例如，腾讯公司的虚拟人"大亨"在 2023 年的新榜大会上进行了演讲。该虚拟人是以腾讯内容平台部的副总经理姚天恒作为原型，虚拟人通过对姚天恒视频的模型训练，基本复刻了他的相貌、声音，甚至是说话时的细节、习惯。

随着技术的逐渐成熟，虚拟人的种类也分得更细，如图 6-3 所示。

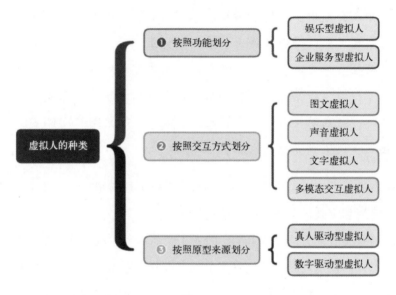

图 6-3

在元宇宙中，虚拟人是最基本的组成单元及经济社会的基本要素，就像是一座城市的原住民。只有虚拟人的数量足够多、功能足够全，才能让元宇宙的场景变得更加丰富。目前，已具备一些特定职能的虚拟人，如百度输入法的情感主播——叶悠悠和林开开；中国气象局 AI 虚拟人主播——冯小殊；央视网虚拟主持人——小 C；浦发银行数字理财专员——小浦……这些虚拟人均以特定的角色、形象出现，并承担着对外输出的职能。未来，在元宇宙中，不仅将有更多此类虚拟人在舞台上大放异彩，还会有更多具备综合性功能的虚拟人出现。

如果说 3D 数字人和虚拟人是对人的映射，那么为了搭建元宇宙，还需要对物理空间进行整体"扫描"，并投射到虚拟空间。这种技术被称为数字孪生。制造领域最先使用"孪生"概念的是美国国家航空航天局（National Aeronautics and Space Administration，NASA），这是航天技术发展到一定阶段的必然结果。不同于传统航天的"大而笨重"，现代航天不仅需要更加轻便的飞行器，还需要在燃料存储、热量防护等方面的全面突破。与此同时，因飞行器需要承载的航天任务更加复杂，所以要求飞行器必须具备更加强大的功能以便应对不同的情况。若按照传统办法来设计和运行飞行器，则具有一定的局限性：第一，飞行器的参数调整和物理结构的改变是一项非常昂贵和耗时的工程，为了设计出能够适应更多极端情况的飞行器，需要工程师投入更多的精力，其中的成本和风险可想而知，事实上，之所以在 2011 年之后 NASA 再未启动载人航天项目，正是因为成本高昂；第二，目前的设计仍依赖于材料特性的统计分布、启发式设计理念、物理测试，以及测试相似性的假设条件等，工程师只能在相对有限的范围内测试飞行器在极端条件下的性能。

为了解决以上局限性，NASA 引入数字孪生。事实上，数字孪生（Digital Twin）一词本身就反映了它的特性。数字孪生利用多物理场、多维度和概率模拟的特性，在虚拟空间投射出一个孪生飞行器，通过孪生飞行器的飞行数据帮助工程师了解真实飞行器的设计和变动效果。

之后，NASA 发布一个航空领域设计技术路线图，明确给出"数字孪生体 2027 计划"，自此"数字孪生"有了明确定义，并开始从概念模型阶段慢慢走入初步规划和实施阶段。数字孪生作为仿真技术的一部分，在假设分析、洞察约束、大规模数据分析和整合等操作中起到重要作用，在航空航天这项投入大、周期长的大型工程中表现出色！

很多人认为数字孪生最先应用在航空航天领域，一定不是一项"亲民"的技术，距离普通人很遥远，其实不然！2015 年，美国 GE 公司将数字孪生应用在 Predix 平台上，结合大数据、物联网等先进技术，实现了对发动机的实时监控、及时检查和预测性维护。可以说，数字孪生已慢慢走进了现实世界，在距离人们更近的工业领域有了一席之地。

目前，数字孪生的应用场景正在逐步丰富，尽管仍处于发展、变化当中，但部分公司已走在时代前沿：2020 年 5 月 31 日，世界著名企业家马斯克利用 SpaceX 成功发射载人龙飞船，将两位宇航员成功送入国际空间站。龙飞船的成功发射不仅结束了美国航天长达 9 年载人飞船的"空窗期"，也标志着全球商业载人航天时代的到来，以及数字孪生体在工程应用中取得较大突破——马斯克以超低成本解决了"粒子翻转"的难题。若由 NASA 来设计，则一套系统需要部署 28 个特制的航天级别的控制器，每个控制器的单价都超过 500 万人民币，成本总计约为 1.4 亿人民币。而龙飞船主控系统的芯片组仅花费 2.6 万人民币！显然，马斯克大大降低了成本。他是如何做到的呢？

在 NASA 提出数字孪生的概念后，马斯克对"数字孪生体 2027 计划"充满了兴趣，并且真正行动起来：不仅建立起一支顶尖的数字孪生技术团队，而且自己带头研究数字孪生的关键技术。在马斯克的带领和努力下，SpaceX 的程序员通过各种程序语言编写火箭的主控程序，完善了知识图谱，通过建模仿真和矩阵计算将真实的火箭投射到虚拟空间，并通过反复模拟解决了"粒子翻转"的难题。数字孪生让大部分测试都变成了虚拟空间中的操作，人与物理设备的交互逐步简化，不仅减少了测试和实验成本，而且因为反复尝试，还提高了设备性能。

实际上，马斯克也是经历过很多次的试射和失败才走到今天："猎鹰 1 号"火箭分别于 2006 年、2007 年和 2008 年进行的三次尝试，均以失败告终，这也让马斯克的个人经济状况陷入困境，后来因为马斯克找到了一条正确的道路，即充分利用发展中的先进技术，才从源头解决了问题，让原本需要 17 年的研发计划缩短到了 10 年，成本也缩减至预计的十分之一。

这正是数字孪生的力量。

▶第二节　虚实共生：虚实之间相互穿梭的物理闭环

尽管马斯克利用数字孪生大大降低了载人航天成本，他的成功也让世界备受鼓舞，但从元宇宙的技术角度看，数字孪生的实现和大规模使用只是实现元宇宙的第一步，未来要走的路还很长。本节将从技术层面深入介绍数字孪生。

一、技术架构

数字孪生技术架构的基础逻辑是打破物理空间和虚拟空间的边界，让两边的人和物可以互动。例如，在网络游戏中，游戏角色的命运由玩家主宰，他们之间隔着一堵墙，即电脑屏幕。元宇宙世界将不再有这堵墙，玩家和游戏角色之间是互通的。或许现在还很难想象，但基础技术正在让其逐步成为现实。

数字孪生的技术架构可分为 5 层：数据层、基础技术层、应用技术层、交互层、应用层，如图 6-4 所示。

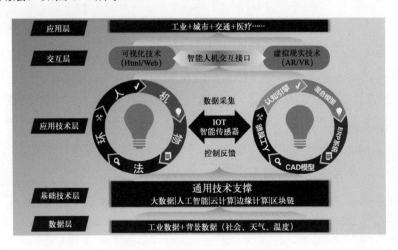

图 6-4

（1）数据层

为了贯通物理空间和虚拟空间，首先需要做的就是了解和分析物理空间，并将之数字化。这里所说的分析并不是在中学时期所讲的物理课分析，而是用物联网设备去采集数据，并在整理数据后搭建数据层。与婴儿认识世界时，最开始要依靠小手去触摸，从而建立人类最本能的触觉不同，计算机或机器人在认识世界时，依靠的是数据，即通过测量物体的尺寸了解物品的大概样子，通过测量空气的温度和湿度了解今天的天气情况。相对婴儿而言，计算机或机器人可认知的数据更加复杂和精密，包括物理学的基础数据、工业领域的应用数据、医学领域的人体数据等。

（2）基础技术层

在完成数据收集后，需要通过基础技术层去简单地处理数据，即对数据层所获取的数据进行捕捉、预处理和传输。在搭建元宇宙的过程中，传输、了解采集的数据是依靠传感器对数据的捕获与记录，以及边缘计算技术、区块链分布式记账技术、5G 的信息传输技术、云端的云计算与数据存储技术等实现的。不过，基础技术层只对数据进行初步处理、传输和存储，并不具备进一步智能化的能力。

（3）应用技术层

在应用技术层，开始出现数据的建模和虚拟模型复原。例如，中兴公司的认知引擎技术可以通过对信息的感知建模，以便形成知识库，并对知识库中的数据进行推理与学习。正如幼儿在蹒跚学步时需要牵着父母的手，但在学会走路后，到了学跑阶段，就不再需要牵着父母的手，而是能够通过自主学习跑起来。以人工智能为基础的机器学习也是如此，它可让前一步的推理和学习过程不断得到反馈、优化，从而提升精准度，并能通过建模和不断地模拟建立认知能力，甚至可通过之前的指令预测下一个指令。

若要实现元宇宙的虚实共生，就要不断完善和进化应用技术，让技术有"生命"。

（4）交互层

交互层用于将由基于物理数据搭建的模型呈现出来。例如，虽然计算机中只有二进制的 0 和 1 编码，但人们在上网时并不与二进制的 0 和 1 "打交道"，而是通过各种按钮、链接浏览感兴趣的信息。这就是一种由交互层呈现的简单效果。元宇宙的交互层是让之前的各项技术以生动、形象的方式呈现出来，当人们在物理空间和虚拟空间穿梭时，依靠的不是底层代码，而是通过底层代码搭建的交互页面。交互包含两种形式：一种是将数据模型可视化；另一种是通过虚拟现实技术（AR/VR）实现。这两种技术形成的人机交互接口好似一扇门：门里是虚拟空间；门外是物理空间。

（5）应用层

应用层是人们在生活中可接触的部分，直接表现为数字孪生赋能到各个行业，如工业领域、交通领域、医疗领域等。

扩　展　阅　读

在介绍完数字孪生的技术架构后，再来看看数字孪生的成长和演化空间。数字孪生将物理空间中的一切人和物都投射到虚拟空间，虽然每个主体都能在虚拟空间找到自己的 "分身"，但这还远远不够，因为它没有实现完全的数字化和虚拟化，所以数字孪生需要继续演化成为数字原生。数字原生是打开物理空间和虚拟空间的那扇门。在数字原生阶段，所映射的主体会集合起来，可慢慢拥有自主学习和成长的能力，数字世界也会变得更加丰富。在这之后，虚实两边的潮水会涌入，会相互融合，从而进入虚实共生阶段。

虚实共生阶段意味着元宇宙世界逐渐成熟，物理空间和虚拟空间的边界不再明显。如果说在数字原生阶段，元宇宙世界会形成街道、楼房和各种各样的数字人，那么到了虚实共生阶段，元宇宙世界就会形成社会、经济体系和金融体系，以及认可的某些社会制度和规则，成为一个真正的世界。

二、打通数字孪生壁垒的 6 个关键技术

目前，数字孪生的主要应用场景以工业、制造业为主，有 6 个关键技术可助其落地，分别是新型测绘、标识感知、协同计算、全要素复刻、模拟仿真、深度学习，如图 6-5 所示。

- 新型测绘是人们了解和识别物理空间的一种方式，实际上，是与数字孪生相辅相成的：数字孪生的底层逻辑包含测绘；数字孪生的发展又带来了全新的测绘方式。

- 标识感知是利用传感器来感受真实的世界，传感器让机器开始有了"识别"周围事物的能力。

- 与其说协同计算是技术，不如说其是建立在技术架构之上的管理方式，即通过网络技术、通信技术、多媒体技术和群件技术等打造一个完善的工作环境，可让拥有不同背景、处于不同地理空间的人们得以共同工作。

- 全要素复刻的目的是精确表达城市或其他物理空间的细节。正如利用不同的相机拍照时清晰度不同一样，全要素复刻是清晰度最高的一个。

- 模拟仿真能够尽可能真实地还原现实世界的模样，随着技术的成熟完善，还原度会越来越高。

- 深度学习是机器学习的一个分支，通过积累更多的数据，可不断自我进化，从而拥有强大的处理能力。

这些技术相互组合，可支撑区域物联感知、城市大数据、城市信息模型和应用支撑赋能等四大平台，就像一块块的拼图，只有彼此融入、彼此磨合、互相促进、互相配合，才能让数字孪生的各个平台正常运行和发挥作用。

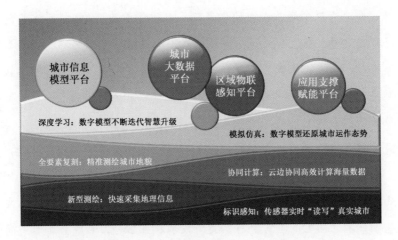

图 6-5

三、网络和感知技术

数字孪生技术架构的最底层技术就是网络技术和感知技术。

（1）网络技术

网络的出现让全世界的电脑不再孤立，让点对点的即时通信成为可能。即使之后开始出现移动网络并迅速普及，但网络的本质并没有改变，即作为通信的载体传递信息。以前，人们对网络的依存度不高，对网速、稳定性等各方面的要求也低。随着互联网的快速发展，尤其进入移动互联网时代后，越来越多的人产生了上网需求，越来越多的信息需要通过网络传递，从而对网络这个载体的自身质量和承载能力提出了新的要求。因此，若想实现数字孪生的大规模使用，网络技术必须得到进一步发展。

● 提升对信息的承载能力：由于在将物理空间中的人和物投射到虚拟空间的过程中，需要流通和传输大量的信息，因此网络需要具备足够强大的信息承载能力。例如，虽然早先的窄土路也能走马车，但在发明汽车之后，土路被升级为双向两条车道的水泥路，以便能承载 2000 辆小客车的年平均昼夜交通量；在汽车大规模普及之后，水泥路被升级为双向八条车道的高速公路，以便能承载 25000 辆小客车的年平均昼夜交通量。网络技术就像数字孪生技术架构中的高速公路，只有承载能力足够强大，才能衍生出更多的功能和内容，给人们带来更多的便捷。

- 提高信息传输的速度和稳定性：由于网络的发展趋势是"在云端"，随着 AR、VR 等智能设备的发展和推广，越来越多的数据需要上传到网络，因此提高信息的传输速度势在必行。区块链等技术的嵌入，让网络在承担着基础技术的同时，还需要与各类新技术相互融合，形成全新形态的通信方式，网络的稳定性就变得尤为关键。

- 提升网络安全：随着互联网的快速发展，网络安全问题不断涌现，不法之徒常常通过非法获取数据、攻击电脑或手机系统漏洞、在程序中植入钓鱼程序等方式入侵网络，以达到非法目的。随着数字孪生的大规模应用，网络安全尤为关键，只有具备足够强大的防护功能，才能让数字孪生更好地发挥作用。

（2）感知技术

从字面意思来看，感知是对物理空间的认知和感受，是对物理现象的观测和计量。感知技术分为静态和动态两个维度：不仅需要感受物理对象在某一时刻的状况（静态），还需要记录物理对象在不同时间节点的状况（动态）。正如一个智能体重计，虽然站上去称重时只会显示称重人当前的体重，但在智能体重计的 App 中会记录称重人的历史体重，从而感知称重人的体型变化。当然了，感知技术比智能体重计要复杂得多，它面临的是更加多样、更多维度的要素，以及巨大的数据量。

感知技术可分为多个种类，如物联感知技术。物联感知技术将物联网技术与智能硬件设备结合起来，通过传感器、条码、RFID、智能化设备接口、多媒体信息采集、位置信息采集和执行器技术等完成对物理对象信息的采集和识别。例如，智能化的养猪场已经采用了"猪脸识别"技术，即通过摄像头对猪的脸部特征进行识别，并将信息收集到后台数据库，从而为每头猪建立档案。虽然"猪脸识别"技术并不是单一存在的，往往还涉及生物信息识别和生物基础学科等知识，但信息采集、信息传递、信息存储的原理大致相同，在物联感知技术与其他学科融合时，会发挥更大的作用。

扩 展 阅 读

由于数字孪生的效果常常取决于对物理空间的感知和刻画，因此多传感器融合技术尤为重要。多传感器融合技术通过多个传感器同时工作，不仅可以观测多个物体，而且能对更多观测维度的信息进行采集和处理，并通过算法和人工智能进行深层次分析。这样一来，能够收集和传输到网络中的信息就会变得更加丰富。

四、三维可视化技术

若想以数字孪生为基础走向虚拟空间，那么三维可视化技术就是绕不过去的坎。三维可视化技术以三维方式将数据体的特点表现出来，起初用于地理勘探，从而对地下情况进行描述。三维可视化技术既是一种技术手段、应用工具，也是一种表达方式。随着应用场景的推广，三维可视化技术不再是地质学的专用技术，可广泛运用于各种场合。

在数字孪生领域，三维可视化技术可将现实场景在虚拟空间中还原出来，并通过 3DGIS、混合现实、多层次实时渲染等技术，打造出逼真、炫酷的场景，在三维可视化技术的帮助下，能够做到室内、室外一体化，即在虚拟空间中从室外走进室内时，不再出现卡顿或读取进度条的情况。正如网络游戏《刺客信条》中巴黎圣母院内的馆藏一样，既可以把视线拉远，看到整个教堂，也可以把视线拉近，观看欧洲古典时期的各式玻璃窗和雕塑。视线的拉远与拉近可在瞬间完成。

目前，三维可视化技术的常见应用场景是智慧城市。虽然城市不像山区一般地形复杂，但高楼林立、人口密集，有着完善的水、电、网等基础设施，若想描述准确，也是非常困难的。三维可视化技术能为整座城市"画像"，无论宏观层面还是微观层面，都能将每个角落呈现。例如，北宋风俗画《清明上河图》，从宏观层面看，它生动记录了 12 世纪北宋都城东京（又称汴京，今河南开封）的城市面貌，以及当时社会各阶层人民的生活状况；从微观层面看，从事各种活动的各色人物，不仅衣着不同，神情气质也各异，车马船只面面俱到，谨小而不失全貌。三维可视化技术正如《清明上河图》一般，为城市"画像"时可繁而不乱、严密紧凑，更为先进的是，可以观测城市在某个时刻的样子及之前的样子，通过实时跟进，还能输出完善的分析结果。

五、建模与仿真：精准描绘现实世界

建模是对现实世界中人和物的抽象化表达，是梳理同类事物共性的必要过程，能够帮助人们了解世界、摸清其中的客观规律。在搭建元宇宙框架的过程中，建模是必要的环节之一，对象不仅是人，还有现实世界中的一切，小到一支笔、一本书、一把椅子，大到一个房间、一所学校、一家商场，都有相应的模型，并且与现实世界中的事物一模一样。这就对模型的精度提出了极高的要求。

正如 3D 数字人的扫描技术能够精确到人体的每根头发、每根汗毛，能够记录皮肤上的每条皱纹一般，元宇宙世界的建模体系也需要对现实世界有精准和深刻的描绘。基于现有的技术，在戴上 VR 眼镜后也能走进虚拟空间，周围的一切虽然也是 3D 画面，但是画面并不清晰，甚至时间长了还会感觉有些眩晕。虽然目前 VR 技术已经逐渐普及和商业化，但模型的精度及与硬件的适配程度还有很大的提升空间。

与此同时，在建模过程中还要充分利用仿真技术，让听觉、触觉、味觉、嗅觉等融合。例如，走进森林，能感受落叶的厚度；走在路上，能感受风吹过的气息；手捧泉水，能感受泉水的冰凉……真实得如同现实世界一般。不仅如此，因为融入了仿真技术，模型不仅是动态的，还具备一定的"预测"和"变化"能力。例如，将现实世界中的天气投射到虚拟空间，就会发现虚拟空间的天气也会变化，刚刚还是晴空万里，不一会儿就变成了电闪雷鸣。

元宇宙世界具有真实的交互过程和结果。例如，实习飞行员在训练时，除了真实飞行，还要利用飞行模拟器进行训练，也就是利用建模和仿真技术打造的一个仿真飞行器。实习飞行员在飞行模拟器中训练时会遇到很多种情况：反复无常的天气、突然出现故障的飞机，他们必须能够随机应变，做出合理的操作，如果操作得当，则实习飞行员及其飞机便会安然无恙；如果操作不当，则飞机将会损坏甚至坠毁，虽然通过飞行模拟器进行训练时，即便飞机损坏甚至坠毁，实习飞行员也不会受伤，但飞机损坏或坠毁的结果是真实的（因为飞行模拟器已非常成熟，基本可以做到"如果在现实世界中这样操作，就会产生那样的后果"，被称为真实的交互过程和结果）。

元宇宙世界通过数字孪生建立的仿真模型是有灵魂的模型,不是科学家在探索途中搭建的半成品。随着数字孪生日趋成熟,必将打通从元宇宙底层技术到应用层面的"断头路"。

▶ 第三节　虚拟经济:资本市场的新宠

👥 一、虚拟经济的发动机

随着虚拟经济愈演愈烈,越来越多新的经济增长点和商业模式不断涌现,就像一台全新的跑车,不仅具有更加强劲的动力,还具有更加酷炫的外表。数字孪生作为一种工具性技术,就像跑车的发动机,虽然人们并不会时时刻刻把它挂在嘴边,但它不可或缺,它连接了底层的基础技术、高层的应用技术,让元宇宙世界成为可能,并且在前往元宇宙的路途上,催生了很多新的经济业态。

从目前各国的反应来看,数字孪生已经受到大多数国家的重视和支持:美国将数字孪生的重心放在军工和重工业领域;德国更想利用数字孪生构建智慧城市;英国希望打造国家层面的数字孪生体;我国将数字孪生作为建设数字中国的重要发展引擎。

为何各国都如此重视数字孪生呢?最重要的原因是数字孪生已经逐步开始落地,并且有越来越多的应用场景。例如,之前提到的可以利用数字孪生为城市"画像",当然这并不是结束,而仅是开始。这种数字孪生画像可以应用在城市交通管理领域,以便实时跟进和预测路口在几小时内的交通情况,人们可酌情调整行车路线。从宏观角度看,数字孪生能够帮助交通管理部门了解每条道路的流量、预测哪条道路需要派出更多的交警。通过长期的数据采集和分析,交通管理部门可以作出更长远的判断和决策。在拥有了比较成熟的数字孪生之后，人们甚至可以对整个城市进行管理和分析。例如，城市规划者可查看整个城市的情况，包括土地的使用、基础设施的安排、道路的分布、人口的流动等，以便在进行城市规划时拥有更丰富和更科学的依据，再也不像从前一样仅仅凭借经验和主观判断来做决策。也就是说，数字孪生将会作用于管理层面，帮助人们进行系统性的提升和改变。

未来的一切，都是虚拟和数字化的！

二、数字孪生赋能智能制造

在智能制造行业，数字孪生发挥出了较大的作用，受到了足够多的重视。其原因是制造业的成本较大、研发周期较长，对智能化和数字化异常渴望——既能提高产品的竞争力，又能降低成本。在现实世界中，供应链的设计、搭建和修改异常复杂和昂贵，在数字孪生的帮助下，一切都能变得简化和清晰。下面通过两个实际应用场景来理解数字孪生的具体作用。

（1）数字孪生+医药生产：异地生产协同管控

医药生产是一个对精度要求极高的行业，从药品的研发到临床试验，从药品的生产到药品的商业化，不仅是一个漫长而又艰难的过程，还涉及大量的步骤和数据。这些数据往往决定了药品的质量和效果。在传统的医药制造行业，流程的数据因没有打通，所以造成"数据孤岛"现象，尤其是在供应链比较巨大，每个环节涉及不同地域甚至不同国家的企业间合作时，彼此数据不通畅、信息传递不到位，就会产生巨大的成本，甚至酿成惨痛的后果。

数字孪生能够彻底解决这个问题：先将药品研发、生产的整个过程扫描，生成动态图谱；再利用自身的分析能力和预测能力，对药品的生产过程进行全方位监控，并在第一时间分析相关数据，形成决策依据。即使药品的不同生产环节处于不同的地方，也能通过数字孪生将供应链上的所有信息整合在一起，并且让供应链上的每个参与者都能了解进程和细节。这样一来，不仅大大提升了医药生产的安全性和可靠性，也极大地降低了成本、节约了时间。

（2）数字孪生+汽车产业：全流程数字化管理

2017 年底，西门子发布了完整的数字孪生应用体系，包括数字孪生产品设计、生产、绩效等，是一套涵盖产品设计、数据捕获，甚至最终的数据分析的全流程设计。

通过这个数字孪生应用体系，西门子把产品从设计到开发，再到真正投入生产的全流程彻底数字化，形成一个数字孪生的完整系统。那么，数字孪生是如何帮助西门子节约成本的呢？

以西门子的汽车产业解决方案为例，由于汽车产业已非常成熟，因此经过长期的技术积累后，汽车的设计和生产变得异常复杂，不仅涉及方方面面的细节和流程，还需要进行不间断的物理测试。通过数字孪生，西门子让汽车的设计过程在虚拟空间展示出来，工程师可在虚拟空间规划和验证生产过程、调试汽车的设计和细节。如果汽车存在不可避免的设计缺陷，则工程师会在设计阶段发现并解决问题，而不是等到汽车上市后大费周章地召回汽车。这个过程不仅节约了成本和时间，还提高了汽车的安全性。

三、投资视角：用数字化重塑所有产业

由于诸多技术将延伸与重塑产业链，因此从投资角度看，数字经济将是下一个投资风口，可在细分领域找到新的价值点。

以数字孪生为例，数字孪生是数字经济中的具体应用技术，当与细分领域结合时，会迸发出巨大的火花和能量。这些新的结合点往往就是新的投资风口。

扩　展　阅　读

　　例如，之前提到的"数字孪生+医药生产"和"数字孪生+汽车产业"，虽然从技术层面看，数字孪生改变的是生产流程和管理方式，但从投资层面看，数字孪生改变的是行业形态——或许医药和汽车这两种资本密集型行业不再需要投入大量资金，至少在产业链上游是如此。汽车行业常被认为是"夕阳行业"，但在引入数字孪生后，设计和研发成本将大大降低，工程师更愿意进行产品的开发和创新，这或许会让汽车行业重新焕发生机。例如，近几年国内的"造车新势力"长期占据风口：一方面是因为政策的支持与鼓励（国家大力发展新能源汽车，尤其是纯电动汽车，能够享受诸多政策便利和政策补贴）；另一方面是因为行业趋势发生变化（随着电池技术的进步、整体底层技术的发展，以及物联网的逐步普及，造一台新能源汽车的难度远低于造一台传统燃油车）。传统的汽车制造商，如宝马、比亚迪等，以本身的汽车制造技术为基础，发展新的汽车形态，也是一种发展路径。造车新势力与传统汽车制造商的不同造车思路说明了一件事：在技术进步、成本降低的前提下，汽车行业将有可能完成自我革新。随着数字孪生的大规模应用，汽车的设计成本将会进一步降低。人们可以发挥更多的创意、引入不同的跨界元素，使汽车行业迸发出更多的增长点。

　　数字孪生与之前出现的风口不太一样，虽然本身并不能直接产生价值或收益，但作为技术架构的一部分，解决的是生产端的效率和成本问题，可从产业链的上游入手提高整体生产效能。虽然相对于其他的"轻量级"投资，数字孪生因涉及工业生产等环节的确显得比较"笨重"，但相较于真正的工业生产，又会因其注重解决流程性的问题而显得非常"轻盈"。

　　在投资数字孪生时，资本一方面需要逐步完善数字孪生本身及做好商业化推广，另一方面需要解决数字孪生怎么用、在哪儿用、怎样才能用好等问题。只有解决了以上两方面的问题，数字孪生才能在投资行业展现非凡力量。不过，这需要资本具有足够大的洞察力和足够多的耐心，不能追求"短平快"，也不能追求"立竿见影"。

总之，数字化将重塑所有产业！数字经济将是下一个投资风口！

AIGC：元宇宙
发展的新动能

7

第7章

▶ 第一节　ChatGPT：人工智能发展新跨越

ChatGPT 是一个聊天机器人，用户只需要输入文字，它就能给出反馈。ChatGPT 让人惊讶之处并不在于其具备回答问题的功能——事实上，聊天机器人早已不是新鲜事物了，而是其具备由大模型带来的智慧化功能。

相较于以往触发关键词的机器人，ChatGPT 具有更强的互动性，人们不仅可以随意输入文字（不必在有限的选项中选择），还可以根据反馈进行多轮对话（而不是只显示一次结果）；不仅可以输入指令，让 ChatGPT 来做一些具体的事情（例如，生成指定场景的领导讲话、文字材料、具有一定创作性质的小说开头等），还可以让 ChatGPT 帮助程序员生成部分代码，或者检查已有代码。

AI，即 Artificial Intelligence（人工智能），是人为创造出来的智能。这项技术能够执行类似人类的智能化行为。例如，短视频平台能根据用户的停留时长、完播状况、点赞、评论、转发等数据进行综合分析，并推送用户大概率会感兴趣的内容。这个类似人类的分析和推理过程，就是人工智能的具体体现。根据人工智能行为的具体体现，可把 AI（人工智能）分为决策式 AI 和生成式 AI（ChatGPT 就是生成式 AI 的典型实例）。

👥 一、决策式 AI 和生成式 AI

决策式 AI 是通过学习数据的条件概率分布进行判断、分析、预测的人工智能。例如，围棋机器人 AlphaGo 战胜知名的人类棋手，引发了全球热议。AlphaGo 通过"自我训练"，即对棋谱的不断学习，产生棋局的思维，从而在下棋时能够预测正确的步骤，最终战胜人类棋手。再例如，现在应用较多的图像文字识别算法（输入一张包含文字的图片，算法可告知上面的文字是什么），帮助人们省去了转写的过程。这，正是人工智能的力量。

生成式 AI 更加多元，它是能够"生成"内容的人工智能，即通过模型的训练，在原有"知识储备"的基础上产生新的内容。生成式 AI 与决策式 AI 的根本区别在于，它具备更强的思维能力，能够在思考的基础之上输出内容，帮助人们解决手边的实际问题，这正是 ChatGPT 能够引发热潮的原因。

例如，ChatGPT 根据用户输入的指令生成的邮件、撰写的文稿已经可以用在办公流程中了，而其产生的代码也被很多程序员使用。不少人开玩笑称：现在已经不习惯于没有 ChatGPT 的工作了。在个人生活方面，若遇到具体的问题，也可以询问 ChatGPT，它可以给出反馈，大至外出旅游的行程安排，小至周围的美味餐馆、如何养好宠物小狗等。

与此同时，ChatGPT 还在内容生成功能的基础上，展现出插件化的趋势。所谓的插件化，就是让 ChatGPT 变成一个技术接口，使其能够与其他应用相结合，而不再只是一个独立的聊天机器人。实际上，在全面实现插件化后，ChatGPT 的实用性将会进一步提高，应用范围将会更加广阔。例如，微软将 ChatGPT 接入 New Bing，将搜索引擎的功能与 ChatGPT 的内容生成功能相融合，从而让用户能够以提问的方式搜索信息。这样一来，用户原本的搜索习惯和方式将会产生质的改变——由输入关键词后选择其中一个链接，向更加精准地提问转变，用户能更快速、精准地找到想要的结果。除此之外，ChatGPT 还将接入微软集成办公软件 Microsoft 365 Copilot，以便打造更大的应用空间和潜在市场。例如，利用 ChatGPT 制作 PPT，可进一步减少人工思考和手动操作的过程，形成新的协同办公方式。

生成式 AI 既代表着技术发展的方向，也代表着人们需求的变化——从信息的搜集、梳理变为信息的生成、合成。人们可将精力集中在信息后端的处理方面，这也是生成式 AI 的最大意义。

二、ChatGPT 的前世今生

ChatGPT 与以往技术不同的是，除了它本身具备"思考能力"外，还能不断进化——我们称之为大模型（GPT）的训练和微调，如图 7-1 所示。

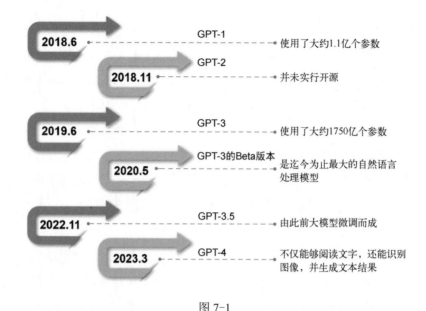

图 7-1

从大模型的成长历程可以看出，它之所以能够不断进化，靠的就是训练和微调。

- 训练：是通过自然语言处理技术（NLP）定义人工智能的行为范式，并向人工智能输入海量数据，让其"掌握"其中的规律。其底层原理是概率论和数理统计，原则上，输入的数据量越大，训练越精细，人工智能输出的准确性越高。

- 微调：是在大模型训练的基础之上，进行小幅度的提升。因为很多时候，从头开始训练会耗费大量的时间和精力，并且大模型的训练成本很高，微调可在现有大模型的基础上进行精细化调整，省去了冗长的过程。

不断地训练和微调，让 ChatGPT 拥有了成长和迭代的能力，甚至很多人认为这是产生机器自主思维能力的过程，是新时代到来的标志。虽然从 ChatGPT 的成长判断出人工智能具有自主思维能力还有些遥远，但此论调并非空穴来风。不少人将目前的人工智能水平比喻成幼童，对其的训练过程比喻成教育：目前，幼童只能牙牙学语，不断简单重复和模仿父母的话语；当其逐渐长大后，不但具备说话的能力，还能组织语言、表达想法、产生情绪或思考；当其长到 18 岁甚至步入社会后，其会变得更加成熟。很多人对人工智能的期望和想象，就像由幼童成长为具有自主能力的成年人。但与人在 18 岁后大概率会变得成熟不同，我们并不知道人工智能的"18 岁成人礼"何时到来。

上述这个具有"成年人"能力的人工智能，我们称之为强人工智能，指的是基本上具备了类似自然人思维能力、判断能力和决策能力的人工智能，不仅如此，它甚至具备自我意识、情感表达和价值判断等主观思想（与之相对的是弱人工智能）。目前，强人工智能仅停留在理论和畅想阶段，甚至关于人工智能是否能够产生意识，仍存在很多争议。

世界上著名的图灵测试是由人工智能之父阿兰·图灵在 1950 年提出的，旨在考察人工智能是否能产生类似人类的智能水平。简单来说，图灵测试就是让 A（自然人）和 B（机器人）对话，如果在一定时间后，A 无法识别出 B 是机器人还是自然人，则表明 B 通过了图灵测试。该测试仅限于文字沟通，不涉及语音和图像。当然，随着人工智能的发展，后世在图灵测试的基础上又进行了扩展和延伸。图灵曾预言，在 20 世纪末，一定会有机器人通过图灵测试。

对于人工智能是否能产生类似人类智能水平的思考，还有不同声音。美国哲学家约翰·瑟尔在 1980 年发表的论文《心灵、大脑和程序》中提出一个著名的思想实验——中文屋来反驳图灵测试的有效性：先给一个房间里完全不懂中文的人一本指导手册，上面描述了如何处理中文指令；之后，由屋外的人向此人传递中文指令，这个人按照指导手册进行回复和处理。约翰·瑟尔认为在上述过程中，虽然此人完美地完成了任务，但显然他不懂中文，也不会理解指令的真实含义。

时至今日，在人工智能是否能产生类似人类智能水平的问题上，仍没有统一的结论，但可以肯定的是，即使目前拥有了 ChatGPT，我们仍处于弱人工智能时代，人工智能更多的还是作为一种工具，以及扮演辅助性角色，未来其是否能成为类似自然人的角色，还要看技术、社会治理、科技伦理等多个要素的综合博弈。

▶ 第二节　AIGC 的应用场景

从本质上讲，生成式 AI 和 AIGC 是一个概念，只是两者的划分维度不同：人工智能的种类很多，其中用于内容生成的人工智能被称为生成式 AI；AIGC 的意思是人工智能内容生成，描述的是一种业务、流程、模式、应用等。例如，ChatGPT 是一种生成式 AI，若使用 ChatGPT 来撰写文章和代码，则被称为 AIGC。虽然 ChatGPT 是 AIGC 的所有应用中最受人瞩目的一种，但 AIGC 的应用场景则更加丰富和宽泛，具体来说，可从以下几个常见的维度来探讨其应用场景。

一、文本生成

ChatGPT 就是典型的文本生成应用，即通过人工智能生成对应的文字内容。目前，AIGC 在文本生成方面的常见应用可简单分为三类：结构化写作、非结构化写作和辅助性写作。

- 结构化写作是以相对固定的格式、内容和范式等撰写的规范性文件，如新闻稿件、公关稿件、行政通知、财报、学术论文等。AIGC 在结构化写作方面的应用早已不是新闻了：2014 年，美联社使用人工智能撰写了企业财报类的文章；2016 年，挪威新闻社（NTB）使用人工智能生成体育赛事方面的报道。虽然在学术性文章方面，一些高校不允许学生使用 ChatGPT 及其他人工智能工具来撰写论文和作业，但有些高校会采用技术手段来检测人工智能生成的学术内容，形成了"用人工智能来管人工智能"的现象。

● 非结构化写作指的是包含一定创意内容的写作内容，如小说、散文、诗歌等。
  这类内容的规律性相对较低，需要一定的创新和想法。因此，非结构化写作
  比结构化写作的难度更高，也更需要融入感性类、情绪类的内容。实际上，
  已经有人尝试利用 ChatGPT 撰写小说：美国知名杂志《克拉克世界》在收到
  大量由 ChatGPT 生成的小说后，宣布暂停接稿；国内的《科幻世界》杂志也
  于 2023 年 2 月宣布拒绝接收由 ChatGPT 等人工智能工具生成的小说。当然，
  拒收稿件的原因不仅涉及内容本身，还涉及知识产权、科技伦理等更深层次
  的内容，但若仅从技术的角度看，实际上，文本生成应用已经比较成熟了。
● 辅助性写作介于结构化写作和非结构化写作之间，是用户利用 AIGC 生成
  的部分内容。例如，润色文本、提供文本大纲、论文查重、梳理写作素材
  等。目前，此类应用已较为广泛。

二、图像生成

AIGC 在图像生成方面的应用往往是通过输入指令来完成的。目前，该领域
的两大头部应用是 Midjourney（是一款由 Midjourney 公司推出的 AI 绘画程序）
和 Stable Diffusion（以下简称 SD，是一款由 Stability AI 公司推出的火爆全网的
AI 绘画程序）。

扩　展　阅　读

　　Midjourney 是一家初创企业，在没有融资的情况下，该公司已获得盈利。
Midjourney 的创始人大卫·霍尔茨（David Holz）是一名数学博士，也是一名
连续创业者。Midjourney 团队走的是"小而精"的路线，虽然全体员工只有 11
人，但都很年轻，有活力。

Midjourney 公司在商业上取得成功的原因主要有两点：

- 一是 Midjourney 采用的是闭源模型，并通过数据集进行长期训练，形成了一定的技术壁垒。

- 二是 Midjourney 对客户需求有着更深入的洞察。在利用 Upscale Pics（升频器）放大图像的同时，人工智能还自动补充了很多图像细节，高还原度的图像满足了不同用户群体的需求。除此之外，社交平台 Discord 与 Midjourney 形成了很高的联动性，用户在社交平台中可方便地分享图片和打标签。精确的用户需求和强社交属性，逐渐形成了 Midjourney 的护城河。

相较于 Midjourney 公司，Stability AI 公司却面临着一些商业层面上的挑战。

- 首先，缺少清晰的盈利模式。SD 采用的是开源模型，其优势在于能够吸引大量的开发者参与，代码的迭代速度快、优化效率高，但缺少技术护城河。SD 走的是"烧钱"路线，模型的训练和技术人员的招募都耗费了大量成本。Stability AI 公司的首席执行官依马德·莫斯塔克曾在社交媒体中回复网友称，他们的每个模型使用了 256 个 A100 芯片，训练时长高达 15 万小时，成本约为 60 万美元。高昂的成本，让 Stability AI 公司的发展非常依赖于融资。虽然 SD 的用户数已超过 1000 万，但 Stability AI 公司仍未找到清晰的盈利模式。

- 其次，内部管理混乱，商业模式不清晰。其首席执行官虽是计算机专业出身，但他作为一名对冲基金分析师，并未有过创业或产品开发的实际经验，管理较为混乱。例如，公司内部常常未经严格的论证而使用昂贵的云服务。除此之外，Stability AI 公司的商业模式不清晰，在 Stability AI 公司的发展非常依赖于融资的背景下，该公司还将进行自身大模型的研发，这将给公司的财务状况带来更大压力。

总而言之，Midjourney 和 SD 是非常典型的 AIGC 在图像生成方面的应用，也是 AIGC 商业案例的典型代表。它们所属公司的现状表明，AIGC 的发展不是单纯的一路狂飙，而是需要技术和商业"两条腿走路"。健康的商业模式应当在技术企业初创之时就快速建立，而不是等到技术成熟后再去摸索市场的反应。

三、视频生成

AIGC 在视频生成方面的应用可分为三类：

- 第一类是对长视频进行剪辑、组合和拼接，或者对视频的局部画面进行处理。以人工智能在换脸方面的知名应用 deepfake 为例，其使用的技术主要有重现、替换、编辑、合成：重现技术能够让新的人物与源身份产生一模一样的行为举止，包括表情、神态、嘴型、眼部视线、头部转动、驱赶姿势等；替换技术用于将新的人物"嵌入"到源身份中，如服装行业的虚拟试穿；编辑技术允许用户对发型、衣服、面部、年龄、体型、佩饰、肤色等个人特征进行修改；合成技术能够直接生成人脸形象，且无目标人物限定，这项技术可用在影视、娱乐、游戏等人物角色的设计方面。
- 第二类是在原有视频的基础上增加特效（如图案、装饰等），或者在视频人物的表情和肢体上增加特效。例如，抖音上的 AI 特效已得到广泛使用（将真人变为漫画人物或可爱的小动物、为自己化妆、在场景中增加小怪兽等），极大提高了视频的趣味性，增加了用户黏性。2021 年 7 月，抖音发布《抖音特效数据报告》，该报告显示，目前，抖音日均上线 100 个特效，每 5 个新增视频，就有一个使用了特效。
- 第三类是直接根据输入的文字生成视频，如谷歌的 Imagen Video、Meta 的 Make-A-Video 等。目前，文字转视频类的应用存在良莠不齐，以及清晰度不够、转换速度慢的问题，仍有很大的提升空间。

四、音频生成

人工智能配音是音频生成的重要应用场景，可在各视频网站、短视频平台中使用，不仅有多种音色，还有各种情绪，甚至不同方言和口音可供选择，增加了音频的趣味性。目前，虽然音频生成技术在断句和多音字处理方面有待提升，但已能够基本覆盖日常创作范围。当然，对于人工智能配音，仍有不少人认为其无法完全替代人声，其中的"机器感"和些许不自然，与专业的配音演员相比较为明显。不过，有网友曾经利用人工智能录制过《红楼梦》里林黛玉和贾宝玉的一小段对话，通过加入停顿、语气等细节，竟将林黛玉使小性子的感觉表现得淋漓尽致。这就说明，通过精细调整，人工智能配音能够接近真人的配音水平，或者在最大限度上还原人物的个性和特点。但是，以目前有声读物、影视或综艺作品的体量而言，无法做到这种程度的精细调整，因此人工智能配音仍有不自然的感觉。

音乐续写也是音频生成的重要应用场景。例如，一家专注于智能乐器、音乐游戏教育的科技公司发布了一款名为 PopuPiano 音乐密码的硬件产品，该产品搭载了"AIGC 三键成曲""AIGC 音乐续写"的功能（用户先在键盘上单击三个键，之后由人工智能根据所选键自动生成二三十秒的音乐片段）。

五、代码生成

目前，部分程序员已在尝试使用 ChatGPT 进行代码撰写或辅助撰写。就实际体验而言，ChatGPT 在成熟度方面仍有待完善，它的优点和缺点都比较明显。

- 优点：可直接输入撰写代码的要求，仅用一个平台就能解决不同语言代码的问题。它的反馈速度较快，能检查出常见的代码错误。ChatGPT 提供的代码解决方案是完全基于自然语言生成的，而不是基于代码的上下文给予的建议，具备真实的输出能力。
- 缺点：ChatGPT 很难一次性产生理想结果，需要进行二次对话，或对代码进行人工修改。另外，程序员需要对指令进行设置，以便使用更加精准的词语来引导 ChatGPT 生成理想的结果。

在代码生成方面，ChatGPT 还存在一个关键问题——安全性。2023 年 3 月 11 日，韩国的三星公司发生了以 ChatGPT 为主要工具的信息泄露事件：由三名员工不当使用 ChatGPT 而导致的商业信息泄露风险，具有一定的安全隐患。

▶ 第三节　AIGC 的影响

AIGC 在不同领域的应用，将对内容的生成带来深远影响。以往的内容生成门槛较高，涉及专业内容生产（PGC），如电影、电视剧，由于涉及从策划到剧本、演员、现场、后期、出品发行等各个环节，周期长、投入大，因此，只能由专业机构完成，并且这类内容往往是一个完整的产业链，不同公司在其中只承担部分工作。互联网的热潮，带来了博客、社交网站、流媒体等全新的传播方式，用户内容生产（UGC）方式逐渐兴起。每个人都可以成为创作者、表现者，都可以在互联网上发表观点、看法，发布作品，与其他用户互动。UGC 的到来，为内容生产方和观众带来了完全不同的体验，自媒体行业由此诞生。不过，近年来，由于内容的同质化和平台流量见顶，自媒体行业呈现出激烈的竞争态势，而内容的质量和创新成为行业增长过程中的瓶颈。AIGC 或许是破局的关键：AIGC 借助人工智能来生成内容，可进一步降低内容创作的门槛。如果说互联网是在展示平台方面降低了门槛，那么 AIGC 则是在内容制作方面降低了门槛。例如，创作者不需要美术功底，只需要学会对应的指令，就可由 AIGC 完成绘图；创作者不需要专业的配音演员和视频剪辑师，可由 AIGC 完成配音和视频剪辑。只要有想法，就能生成视频，其中复杂和耗时的中间环节可全部省去。

与此同时，AIGC 也将对内容的生成方式带来颠覆性的认知。例如，2017 年，微软的聊天机器人小冰出版了一本诗集《阳光失了玻璃窗》，由此让大众感受到了人工智能的写诗技能。但是，在很多人的认知里，机器人不具有人性的温度和内心深处的情怀，在人文精神内核方面，永远无法替代人类。但随着技术的广泛使用和场景的大量铺开，人们的思想观念和对 AIGC 的看法也将发生根本性的转变。未来，AIGC 将不再只是生产工具，而是一种基础设施，就像水、电、网一样充斥在我们周围，我们不必时时刻刻感受到它，但我们离不开它。

未来，AIGC 将会改变生产方式，大量的高重复性、低创意性的工作将由 AIGC 取代，就像搬运工具将人类从重体力劳动中解放出来一样，AIGC 也会将人类从重复性高、技术含量低的机械性劳动中解脱出来。

▶ 第四节　AIGC 与元宇宙融合发展

实际上，在元宇宙中，AIGC 将是重要的技术支撑及不可或缺的助推力。如果说大数据、云计算等技术是元宇宙技术体系中的骨架，那么在未来，AIGC 有望成为元宇宙中的血肉，从而形成一个完整的有机体。

一、元宇宙的构建者

2023 年 3 月 22 日，在新华网元宇宙赋能计划发布会上，新华智云发布了首个由 AIGC 驱动的元宇宙系统——元卯。巧合的是，当天正好是卯年卯月卯日。元卯的构建思路是以 AIGC 作为核心驱动技术，形成轻量化的 Web 元宇宙。据悉，该产品是一个方便快捷、简单易用的开放元宇宙平台。比起现存的部分元宇宙企业提供的产品，元卯更像是一个服务平台、技术底座，用户可通过接入 API 接口，在元卯上进行内容创作，包括虚拟人、数字场景、数字内容的设计和打造等，并将这些内容进一步嵌入企业的其他产品中。

元卯的设计理念代表了元宇宙企业的一种创新发展路径——打造开发平台、接入应用场景，让技术能力辐射到更多的行业、企业和个人。与具体的应用和软件不同，AIGC 在元宇宙中起到的作用会更加基础和全面，它将是整个元宇宙的

"设计师"：元宇宙中的街道由 AIGC 生成，背景音乐由 AIGC 创作，人与人之间的沟通由 AIGC 生成的文字内容完成……

总而言之，AIGC 在元宇宙搭建的过程中将起到基础性的作用，其具备的内容生成能力将极大降低重复性的工作量，并有效解决成本和项目周期的问题——这是元宇宙在实际落地过程中的两大核心问题。当然，若想让 AIGC 在元宇宙的构建过程中发挥更大的作用，还有很长的路要走：首先，AIGC 技术要足够成熟，并且成本可控（大模型的训练和微调成本降至大部分公司可以承受的范围，或者有通用大模型可供选择，无须重复训练和微调）；其次，AIGC 的硬件和基础设施还需要不断优化和完善（如智能芯片的供应、算力的提升、网络通信设备的改进等）。

二、AIGC+元宇宙+文旅

随着旅游业的成熟和完善，旅游业的文化价值被不断激活，人们的需求变得更加多元。对于很多人来说，旅游是一项具有精神价值的过程性消费，既需要满足交通、饮食、住宿、购物等外在需求，也需要满足休闲娱乐、了解当地文化风俗等内在需求。因此，文旅产业应当更加凸显文化价值、品牌价值，深入洞悉消费者的具体需求，从而形成可持续发展的模式。

"AIGC+元宇宙+文旅"是深入挖掘产业价值、形成创新模式的重要载体，包括虚拟人代言、数字藏品、数字文创、线上云游、线上宣传，甚至元宇宙平台搭建等。目前，已有不少地方政府、景区和相关企业在元宇宙的各个细分场景中进行了尝试。例如：

● 虚拟人代言：在元宇宙中构建虚拟场景，加入虚拟人代言，以 IP 的形式拉近与受众的距离。例如，国家博物馆的"艾雯雯"，杭州市的"白素素"，眉山市的"苏小妹"，北京昌平的"昌小平"。他们更多是以代言人或引导员的身份出现，随着元宇宙技术体系的进一步成熟，画面效果、音视频呈现效果的进一步提升，AIGC 可提供更加多元的内容，如人物形象的设定、语言的生成、画面和音视频的制作等，将更多内容融入 IP 价值当中。这些虚拟人既可向大众讲述一座城市的前世今生、历史典故，也可在虚拟世界中带领大家领略自然风光，还可回答游客的各类问题。

● 数字藏品：数字藏品能够极大地推动地方文旅在形象和品牌方面的打造。例如，贵州博物馆先后推出了以文物铜车马、立虎辫索纹耳铜釜、北宋韩琦楷书信札、鹭鸟纹彩色蜡染衣裙为标的的数字藏品；广西推出了文旅区块链，发行了"程阳八寨永济桥"数字藏品；西安的大唐不夜城推出了"大唐开元·钟楼""大唐开元·小雁塔"数字藏品；上海的海昌海洋公园推出了"虎鲸骑士团"的数字盲盒……数字藏品是一个新鲜事物，AIGC 在其发展过程中具有较大的发挥空间。例如，在数字藏品的研发过程中，前期的创意、风格选择工作，中期的视觉设计工作，后期的智能合约编写工作，都可由 AIGC 完成。

● 元宇宙平台搭建：2022 年 4 月，河北雄安模科信息科技有限公司联合白洋淀旅游发展集团，宣布要打造"白洋淀 Meta"，该项目包括一个中心和四个平台：元宇宙数字资产中心、元宇宙底层技术平台、白洋淀文化资产 NFT 数字藏品平台、白洋淀数字元宇宙开放平台、白洋淀元宇宙全域文旅数字积分平台。2022 年底，张家界推出了元宇宙体验平台——张家界星球，游客可通过选择不同视角来游览张家界景区的各个角落。由于视角是立体和动态的，因此相较于平面的图文介绍，这种体验感更具冲击力。在元宇宙平台的建设过程中，AIGC 能够在底层技术搭建、代码撰写、中层内容填充和应用层对外扩展等方面发挥重要作用。

当然，我们也要看到，"AIGC+元宇宙+文旅"的应用，仍有较大的提升空间：首先，技术有待进步，现有的画面效果、音质、速度等距离比较理想的元宇宙全真模拟仍有不小的差距；其次，游客无法通过元宇宙直接产生消费行为，元宇宙中的商业价值仍有待挖掘；最后，网红城市、网红景区的打造，仍以短视频平台、互联网平台宣传带来的线下"打卡效应"为主，而元宇宙对线下打卡和实地来访人流的带动作用不足。

三、AIGC+元宇宙+市场营销

元宇宙作为极具互动性和体验感的虚拟平台，天然具备市场营销和品牌推广的良好土壤。AIGC 在营销内容的生成方面，有三个主要的优势领域。

● 一是类似真人的互动营销：包括虚拟人的虚拟演出、直播，并与观众互动等。

● 二是个性化的智能营销：营销文案、图片和音视频等物料，均不再是模板化的，而是根据用户群体甚至个体，进行精准设计。

● 三是以智能客服为核心的数字员工，承担售前咨询和售后服务的工作：不同于以往的关键词触发或客户点选式的机器客服，由 AIGC 生成的智能客服具有更加丰富的"专业知识"和解决问题的能力，并且可与客户进行更多轮、更深层次的互动。

目前，AIGC 在营销层面已受到高度重视：

● 一方面，部分公司开始以 AIGC 作为底层技术，开发自己的营销平台。例如，因赛集团以 AIGC 为基础，打造了数字化创意营销平台"因赛引擎 INSIGHTengine"。该平台内置了大量营销素材，能够快速生成多样化、多维度的营销解决方案，并根据不同的品牌、产品、用户、营销场景生成更加具体的内容。

● 另一方面，一些公司采用现有 AIGC，将其融入部分工作流程当中。例如，网易严选在 2023 年 4 月发布的《探索 AIGC 在网易严选中的应用》一文中详细阐释了 AIGC 的全流程应用，从产品设计的调研到实际设计，从拍摄素材准备到包装，从工业造型到最终的商品详情页……均可借助 AIGC 完成。在整个设计环节中，AIGC 能够打通从设计端到营销端的全部流程，并保持风格、创意和文风的统一，解决了设计团队和营销团队的信息差。

由此可知，AIGC 在市场营销和品牌推广方面具有天然的优势。2023 年 4 月，国内知名广告公司——蓝色光标宣布无期限全面停止创意设计、方案撰写、文案撰写、短期雇员这 4 类业务的外包工作。据悉，该公司计划通过 AIGC 来接手此类业务。虽然对于不少个人和外包公司来说，这是人工智能替代人类工作岗位的体现，但对于广告公司来说，AIGC 已经能够帮助其优化业务流程，降低生产成本。

在 AIGC 将自身优势植入到元宇宙后，将会产生"1+1>2"的效果。"AIGC+元宇宙+市场营销"是对目前营销方式的再一次升级。试想一下，目前的智能客服只能通过打字或简单的语音帮你解决问题，而在元宇宙中，智能客服可以站在你的面前，类似真人一般与你对话，聆听你的问题，并与你产生互动；目前的品牌线上活动以展示类为主，而在元宇宙中，你可享受店员的推荐，与其他客人交流，甚至"亲自"上场体验各种产品。越来越多的内容和场景，让营销变得更加柔性和自然，这不仅是技术发展的必然趋势，也是商业社会人文价值提升的必然要求。

四、AIGC+元宇宙+娱乐

在娱乐行业，AIGC 也将起到至关重要的作用，它代表着一种创作方式的变革。例如，蓝色光标曾为佳能打造了一部名为《次元世界》的动漫作品，这是一部二维动画，通过 AIGC 生成内容，配合人工的后期制作，将原本一个月的工期缩短到了几天。

在游戏人物的形象设计、人物语音的产出、NPC 与真实玩家的交互等方面，AIGC 能够提供更加灵活、生动的内容。例如，2023 年，以"会说话的汤姆猫"走红的汤姆猫公司宣布将 ChatGPT 接入汤姆猫产品中，之后该公司的股价一路飙升，上涨了约 200%。此外，国内的游戏公司也已将 AIGC 解决方案用于《万国觉醒》《三国志·战略版》等知名游戏中。

目前，元宇宙游戏已进入发展期，AIGC 的使用将帮助元宇宙解决两个核心问题：一是内容的持续生产和创作；二是内容生产的壁垒和门槛。比起普通的客户端游戏，元宇宙游戏从生产到上线，整体上的技术和制作门槛更高，程序更复杂，成本更高，在引入 AIGC 后，可解决生产端的问题，极大降低元宇宙游戏的成本。

另外，AIGC 还能为玩家提供情绪价值。2018 年，曾有一款名为《旅行青蛙》的游戏火遍全网。该游戏的玩法非常简单：玩家养育的小青蛙会出门旅行，途中还会给主人写信，但是，青蛙出门和回家的时间均不固定，是随机的。该游戏一经发行，便引发热议：网友们非常关心自己的青蛙在哪儿、有没有回来、经历了哪些事……本质上，这个案例代表了游戏的新趋势——情绪价值，玩家通过游戏获得心灵上的治愈和情感上的回馈，而这正是 AIGC 能够做到的。

在大文娱的宏观概念下，"AIGC+元宇宙+娱乐"能够发挥的作用更大。例如，利用 AIGC 的音频生成能力，可创作元宇宙游戏中的背景音乐、动作音效、NPC 配音等；在元宇宙中，以游戏、网络文学、影视作品等延伸出的 IP 创作、音乐原声作品、有声小说、广播剧等，均可由 AIGC 完成大部分乃至全部的创作工作，并产生更多的融合创新业态。

▶ 第五节　AIGC 与元宇宙面临的挑战

元宇宙作为一种新鲜事物，在发展道路上会面临许多调整，包括技术、社会、经济、人文、伦理等各个层面。AIGC 作为元宇宙的底层应用，其强大的创作能力，很容易将内容生产方面的风险放大，并在短时间内造成巨大影响。

一、监管和科技伦理问题

在知识产权方面，以绘图的版权问题为例，由 AIGC 生成图像的训练来源是网络公开信息，版权溯源问题难以解决。并且，在版权的认定上，社会认知和法律层面也存在不一致性。

在社会认知中，由 AIGC 生成的图像是融合网络中的现有图像而来，而这些图像本身是有版权归属的，因此 AIGC 需要进行版权溯源。并且，从情感的角度来说，自己的画作被"融合"进入人工智能图像，对于原作者而言并不容易接受。

在法律层面，由于每个国家的法律法规不同，因此不能简单粗暴地认为由 AIGC 生成的图像是非法的，只能等待未来法律的进一步完善。例如：

- 美国：美国艺术家 Kristina Kashtanova 在其漫画书 *Zarya of the Dawn* 中，使用了部分由 Midjourney（一款 AI 绘画程序）生成的内容，随即引发了关于版权问题的讨论，最终美国版权局判定该漫画的人类创作部分依法享有著作权，但由人工智能创作的部分不受法律保护。

- 英国：英国早在《1988 年版权、外观设计和专利法案》中规定，完全由人工智能生成的作品受到法律保护。只是相较于自然人作品的 70 年保护期，人工智能作品的保护期较短，为 50 年，并且近几年英国称他们不打算更改法律：一是因为没有证据表明对人工智能作品的保护有害；二是因为很多人认为目前的人工智能技术还不够先进，无法在没有人类干预的情况下完成自主创作。

- 中国：我国采取"自然人、独创性"的思路处理此类问题。例如，2019 年 A 公司以文章抄袭为由状告 B 公司侵害其著作权，而 B 公司的文章来源则是第三方公司的人工智能辅助写作软件。我国对涉案文章的外在表现形式及生成过程进行了分析，认定涉案文章享有著作权，受著作权保护。

在社会治理和科技伦理方面，AIGC 也面临着极大的挑战。例如，随着由 AIGC 生成图像精度的不断提升，带来了一些负面影响：利用虚拟人进行网络欺诈；伪造知名人士参加活动的照片……总之，对 AIGC 的监管和科技伦理问题处理势在必行。

与此同时，AIGC 还面临一些安全问题。目前，出于安全考虑而对 ChatGPT

进行限制的企业包括摩根大通、美国银行、花旗集团、高盛、德意志银行等金融机构；瑞穗金融、三菱银行、三井住友银行则禁止员工在办公过程中使用一切类似于 ChatGPT 等具有交互功能的人工智能软件；软银集团则禁止在 ChatGPT 中输入机密信息，下一步他们还将推出交互人工智能软件的使用规则……由此可以看出，对于 AIGC 的应用，很多公司存在一定的担忧。

在个人隐私方面，AIGC 的发展模式也会引发一定的隐私边界问题。例如，AIGC 会通过网络上的文字、图片或视频来进行大模型训练，但这些信息可能来自于个人的社交网络。AIGC 可能会在未取得授权的情况下悄无声息地使用这些信息，并且当事人难以得知真实情况。例如，通过换脸软件生成人物图片，并用于商业用途或虚假信息传播。在这一过程中，既包括对个人隐私的侵犯，也包括传播虚假信息、诈骗等犯罪行为。

在元宇宙时代，此类现象有可能会被进一步放大。在将 AIGC 的强大创作能力植入元宇宙后，会产生更多的应用场景和表现形式，因此，应当尽快建立适当的监管和治理机制。

二、网络生态：决定下一步发展的关键要素

网络生态是网络内容、网民行为、信息传递、舆论风向等要素的总和，具有自我创新和自我进化的能力，也是网络丰富性和趣味性的来源。但网络生态并非自然界生态，只要不去人为破坏，就能自我修复，网络生态是对现实生活的映射，相对更加复杂，因此需要进行管理。

网络生态的核心问题之一是价值取向。互联网的迅速发展，在无形中改变了人们的思维方式、行为举止和生活方式。虽然这种改变往往是无声无息的，但会造成巨大影响。例如，习惯了线上购物的人们，不再第一时间选择实体店，随着实体店获客成本的提高，其营销方式和经营方法应及时作出调整和改变。

随着 AIGC 的不断普及，价值取向问题会更加凸显。由于 AIGC 是通过大模型的训练和微调来生成内容，因此输入的数据和信息极为重要，如果其中包含大

量虚假的信息或不正确的内容，那么 AIGC 生成的内容很可能会"跑偏"：不少专家认为，由于客观的技术路线和使用方式，AIGC 不可能存在"技术中立"，一定存在某种偏向或倾向。再加上，AIGC 具有"生成即传播"的特性（生成的内容可能会在未经人为干预或修正的情况下，直接进行大规模传播），存在价值取向方面的风险。因此，对于内容的把握和信息的传递，我们应当建立好风险防范意识。

实际上，AIGC 在发展过程中遇到的问题和挑战，也是元宇宙在搭建过程中需要面对的。因为 AIGC 是技术体系和内容来源，而元宇宙是内容平台，只有将 AIGC 生成的内容融入内容平台后，才能发挥产业价值。

这是最好的时代，也是最坏的时代：我们顺势而为、乘势而上，共同拥抱新技术、新生态、新未来；我们创造出人工智能，用以帮助人类思考，甚至代替人类思考，但我们也在挑战现有的社会、经济、治理体系。技术的发展是螺旋向上的，而监管往往在后面"追赶"，如何把握两者的平衡是在未来很长一段时间内的主要任务。

第三部分 元宇宙的前路在何方

元宇宙产业落地：
服务生态的新模式

8

第8章

元宇宙不仅是某个具体的业务应用，从更宽泛的视角看，元宇宙还是服务于整个产业的底层生态。无论对于游戏领域、工业领域，还是社交领域，元宇宙都会以算法、算力、体验等各维度的能力给产业端带来巨大的业务创新和变革。

本章将从 Roblox、Facebook、微软、英伟达、腾讯等互联网大厂的实践历程出发，深度解读元宇宙是如何从底层的技术架构一步步改变各行业的基本形态及核心运作模式的。这些企业各有优势，也选择了不同的发展路径，但目的都是为了探索互联网下个时代的发展契机，以他们擅长的领域作为切入点，殊途同归地带领人们探索一个全新的世界。

▶ 第一节　Roblox：掀起元宇宙的游戏浪潮

在元宇宙这个词刚刚诞生时，很多人是持怀疑态度的：目前元宇宙有没有可以落地的场景？它到底是人们幻想出来的乌托邦，还是正在成长，但未成长起来的"半成品"？实际上，元宇宙的游戏浪潮已经来袭。在技术尚未成熟的当下，游戏中的虚拟空间已经展现出巨大的能量。Roblox 就是其中的翘楚，虽然 Roblox 是游戏公司，但 Roblox 不同于传统的游戏公司，甚至带来了颠覆性的理念。

可以说，通过 Roblox，人们有了对元宇宙的初体验！

一、Roblox 的元宇宙之路

截至目前，Roblox 被认为是目前所有涉足元宇宙领域最具"元宇宙基因"的公司之一。回顾 Roblox 的诞生过程和发展历程，不难感受到 Roblox 所具有的创新基因。

1989 年，大卫·巴斯佐和他的兄弟格雷·巴斯祖基（Greg Baszucki）成立了一家名为"知识革命"（Knowledge Revolution）的公司，主打教育科技，旨在帮助老师在电脑上模拟二维的物理实验，以便教学。1998 年，Knowledge Revolution 公司被工程软件开发公司 MSC Software 看中并收购，并聘请大卫·巴斯佐担任新公司的副总裁兼总经理。或许是因为工程软件过于枯燥，2004 年，大卫·巴斯佐再次开启创业之路：与艾瑞克·卡塞尔（Erik Cassel）共同研发 Roblox 的原型产品——DynaBlocks，旨在为人们提供一个自由、快乐的游戏平台，沉浸式的 3D 元素让游戏变得更加有趣。DynaBlocks 的测试版本当年上线，并于 2005 年正式更名为 Roblox。由于刚开始时，Roblox 的用户不多，因此大卫·巴斯佐和艾瑞克·卡塞尔时常在平台中与用户交流。在 Roblox Studio 推出之后，Roblox 的用户数量经历了井喷式的增长。

在公司获得巨大成功的同时，Roblox 也在思考商业化的问题：尽管 Roblox 曾经尝试过开展广告业务和 Builders Club（Builders Club 是一款付费项目，在该项目中，付费用户拥有一定的特权），但由于 Roblox 不希望制定过于"硬核"或"强势"的盈利策略，而是希望融入玩家的灵感，于是开始探索出目前的商业化道路——让玩家在游戏中通过创作和交易获取收入，而平台也能从中获得部分利润。

正是因为这种强调玩家创意和参与度的理念，让 Roblox 受到了广泛认可。后来 Roblox 又以多语言的方式开启了国际化道路。2020 年，我国的腾讯公司入股 Roblox，从而为这家极具创新精神的公司带来了中国元素。

二、产销合一创造奇迹

近年来，Roblox 在全球引发了大量的关注：一方面，Roblox 推出专为我国用户特别设计的本地化游戏《罗布乐思》，腾讯作为 Roblox 中国区发行商，与 Roblox 成立合资公司"罗布乐思"，负责我国地区的游戏运营；另一方面，由于 Roblox 兼具游戏属性和内容创作属性，不仅让玩家感觉眼前一亮，还让很多玩家火爆全网：一位名为 Alex Balfanz 的美国玩家和他的小伙伴一起开发了游戏《Jailbreak》，游戏上线第一天就获得了 7 万多名玩家的支持，Balfanz 也凭借这款游戏获得了超过 300 万美元的收入。

事实上，Roblox 兼具虚拟空间、休闲游戏和自建内容，强调创造和迷你游戏的理念。从游戏玩家的角度来看，Roblox 是一个内容丰富的 3D 数字世界，可以像在《Minecraft》中一样去创作和探索；从创作者的角度来看，Roblox 是一个方便展示作品且能与广大玩家共同进行游戏制作的平台。

前文探讨过互联网浪潮带来的根本性变化，用户从内容的使用者变成了用户的生产者。这一点已在 Roblox 世界中成为现实。

在 Roblox 中，游戏玩家和创作者可以是同一个人，这让游戏拥有了无限可能——依靠玩家的创作和内容的更新，人们永远不会对游戏内容感到厌烦。与此同时，Roblox 对内容创作极为重视，采用创作者和平台五五分成的方式，有效提高创作者的创作热情，还帮助玩家学习编程语言和构建 3D 场景，简单易用的编程系统可直接在游戏中体现玩家的学习成果。

截至 2020 年，全球已有 700 万人参与 Roblox 的游戏创作，共创作出了超过 1800 万款游戏，日活用户量达到 4210 万，在 App Store 和 Google Play 中的内购收入高达 20 亿美元，是世界上最火爆的应用之一[1]。这些数字是惊人的，因为它不仅代表着 Roblox 已具备了庞大的体量，还代表着强大的创作能力和发展潜力。越来越丰富的游戏，会吸引更多玩家参与，而更多玩家的到来，反过来又会激发玩家更大的热情和黏性、产生更多的内容创作，从而形成一个正向循环，这正是 Roblox 的魅力和活力所在！

---

1 数据来源：天风证券发布《Roblox 深度报告：Metaverse 第一股，元宇宙引领者》。

三、元宇宙中的经济形态呼之欲出

Roblox 的运作模式让很多玩家"深陷其中"：截至 2021 年第三季度，Roblox 用户使用平台的总时长达到 112 亿小时，用户的复购率高达 79%。这些惊人的数字，从不同方面说明了一个事实——Roblox 拥有强大的用户黏性。

这种用户黏性不仅为平台带来了收入，还为聪明的商家提供了机会。很多品牌商发现了其中的商业价值，纷纷与 Roblox 合作，开启了"有趣"的营销之路。例如：

- 潮流品牌 Vans 在 Roblox 中创办 Vans 滑板公园，玩家不仅可以在游戏里练习滑板技能，还可以向朋友分享自己设计的滑板和滑板鞋，从而潜移默化地宣传 Vans 品牌。
- 以擅长营销而著称的耐克自然也不会错过这样的机会，在精心打造的 Nikeland 中，玩家可以穿上耐克最新款的卫衣、新式的跑鞋和棒球帽沉浸式体验各种小游戏，游戏的背景按照现实世界中耐克公司的样子打造，凸显了亲切感和氛围感。通过在虚拟空间中提供个性化服务和柔性营销，耐克以全新的方式占领了消费者的心。
- GUCCI 在 Roblox 中推出了为期两周的"Gucci 品牌虚拟展览"。不同于以往昂贵的价格，玩家仅花费 1.2~9 美元，就可为自己的"数字小人"购买虚拟 Gucci 限量版佩饰。在限定期限内玩家甚至可以转售已购买的商品，其中一款手提袋卖出了 2 倍于实体店的价格！从实际效果来看，很多玩家被这种新颖的营销方式所吸引，正在慢慢接受和认可。

相信不用太久，在虚拟空间中开展营销活动会成为一种趋势和潮流，超强的互动性会强化玩家的代入感；应用场景的直接展现，会刺激玩家购买和加强品牌印象。玩家不再需要被动地接受广告的"洗礼"，而是愿意主动接触品牌，选择自己感兴趣的领域，让玩家和品牌方共赢。

四、让玩家再无边界

一切技术的迭代最终都依赖于算力的支撑。可算力在 Roblox 中会起到什么作用呢？

Roblox 搭建了云架构的基础设施，在全球 21 个国家和地区建立数据中心、边缘计算节点，提供第三方云服务。就好像一家连锁餐厅，不仅拥有自己的中央厨房，还将厨房和食材供应仓设置在不同市场，并利用一部分外部餐饮团队，形成一套完善的服务体系。Roblox 利用云技术带来的互联互通，通过边缘计算节点将不同国家和地区的用户纳入网络中。目前，游戏均在 Roblox 的自有服务器上运行，仅在极少数情况下使用外部云服务。

以 Roblox Cloud 的云架构为基础（如图 8-1 所示），Roblox 可向 Roblox Studio（编辑器）和 Roblox Client（客户端）提供云端支持。从编辑器的角度看，Roblox 连接了游戏开发者和创作者，帮助其将设计的内容植入游戏当中；从客户端的角度看，Roblox 连接了玩家，向其提供充值、交易和自我运营的通道。通过一整套的体系，Roblox 形成了一个高度灵活的系统。

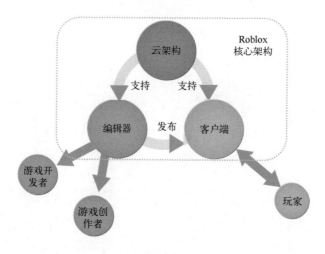

图 8-1

在这样一套系统的基础上，不管玩家身处何方、使用何种电脑，只要登录账户、打开游戏，云端都会将用户需要的部分素材自动发送到客户端，完全不需要占用太多的电脑内存。

云游戏的建设为 Roblox 打造更好的虚拟空间、进入元宇宙世界提供了可能。正因为对未来元宇宙的无限期待，Roblox 加强了云端建设，不断扩充服务器，以满足更多的需求。截至 2020 年年底，Roblox 已部署超过 21 万台服务器。未来，不仅服务器的数量会继续增加，数据的处理能力、通信能力和稳定性也将得到提升。广泛布局的数据中心和云服务团队，一方面增强了 Roblox 的云端运作能力，另一方面，降低了风险，提高了容错和容灾能力。

通过在不同国家同步建设数据中心，将进一步加强 Roblox 的国际影响力。在此基础上，Roblox 增加了对多种语言的支持，为未来打通全世界的虚拟空间奠定了基础。未来，Roblox 将更多地向云游戏领域"进军"，不仅会创作更多、更丰富的内容，还将通过提升基础技术能力，进一步加强游戏体验。

扩　展　阅　读

云游戏不仅让玩家的硬件设施不再需要承担"计算"功能，游戏的所有运行都可在云端完成，而且不用花费精力去下载游戏，玩家将体验到更快、更轻、更有趣的游戏。这也是传统游戏需要向云游戏转型的根本原因。

▶ 第二节　Facebook：打造虚拟服务生态

2021 年，Facebook 改名为 Meta 一事在网络上掀起了轩然大波和热烈讨论。

实际上，对于 Facebook 来说，目前互联网领域已经进入瓶颈期，缺乏突破性的创新手段和技术应用，用户体验和黏性也无法得到进一步提升。Facebook 的转型可以视为一种战略部署和准备。事实上，Facebook 走到元宇宙这个阶段，是其业务发展和商业模式调整的必然结果。下面回顾一下 Facebook 的发展历程，就能理解其转型的原因。

一、走向元宇宙的探索之路

虽然 Facebook 一直是全球最大的社交软件，拥有海量的用户、流量和广告资源，但其在发展到一定阶段之后，开始进入了用户数量和黏性的瓶颈期。根据美国市场调查机构 Edison Research 的报告，自 2017 年 1 月至 2019 年 1 月，Facebook 的美国用户减少了 1500 万；12～34 岁的用户数量减少了近 20%[2]。

除了业务层面的问题，Facebook 还面临反垄断层面的调查：仅 2021 年一年间，Facebook 就遭遇了 14 起反垄断调查。其中，美国贸易委员会（FTC）对 Facebook 的起诉极具代表性，他们认为 Facebook 对 Instagram 和 Whatsapp 的收购，并不是正常的商业行为，而是具有"防御性质"的行为，并指控 Facebook 不向竞争对手开放 API，也不允许第三方通过其 API 去推广竞品。除此之外，Facebook 还涉及滥用数据和用户信息保护不完善等方面的争议。

扩 展 阅 读

2004 年，Facebook 诞生于哈佛校园，基本功能是提供资讯和交流平台，并可分享照片和视频。因其具有独特的交流和分享特质，所以在短时间内就吸引

---

2 数据来源：36 氪出海《扎克伯格眼中的"元宇宙"，Facebook 的后半生》。

了大量用户，并开始逐步扩展，点燃了全球的社交网络，成为世界级的社交应用软件。

2007 年，Facebook 推出了移动端的应用，成功搭乘移动互联网的快车。同年，推出平台化服务，允许其他应用接入 Facebook，即玩家在打开游戏或其他应用时，都可通过 Facebook 账号登录，无须重新注册账号，大大提高了用户体验感和对 Facebook 的依赖。

2008 年，WhatsApp 诞生。用户可以随时发送信息，并且查看对方是否在线、是否阅读消息等，并可发送图片、视频和音频等。2014 年，Facebook 将 WhatsApp "纳入麾下"，补充了即时通信功能。

2010 年，另一款风靡全球的社交软件 Instagram 诞生。不同于 Facebook 的社交模式，Instagram 是以图文、视频分享为主导的社交软件，用户可以在上传照片的同时添加滤镜。2012 年，Facebook 以 10 亿美元的价格收购了 Instagram。

这两次重要的收购行为，一方面是因为 Facebook 想通过补充自身业务、引入不同的社交模式来增加产品矩阵的竞争力；另一方面，也是对竞争压力的消减和预防——通过收购潜在的竞争对手来缓解压力。2008 年，Facebook 也尝试收购 Twitter，但遭到了拒绝，而后来，Twitter 成为 Facebook 的竞争对手之一。

因此，Facebook 探索新出路、寻找新方向也是一个必然选择。实际上，在元宇宙的布局上，Facebook 不仅走在世界前列，而且经过了精心设计和长远规划。纵览 Facebook 在元宇宙中的发展历程，可以梳理出三条线：

- 首先是硬件方面，从收购 VR 厂商 Oculus 切入，通过收购来增强技术力量和视觉上的实现基础。
- 其次是内容端，以区块链和收购游戏平台的方式进行积累和整合。
- 最后，Facebook 融合硬件和场景，全面建立元宇宙的概念，逐渐强化虚拟现实的构建，弱化以往社交媒体的属性，为正式转型元宇宙公司奠定基础，并逐步实现元宇宙功能的落地。

目前，Facebook 在元宇宙的 5 个应用领域加速布局：商业、教育、健身、游戏、社交，如图 8-2 所示。之所以在这 5 个应用领域布局，一方面是因为这 5 个应用领域可以充分利用 Facebook 已有的技术优势和用户基础；另一方面是因为这 5 个应用领域可以补齐 Facebook 现有领域的短板，增加应用场景。例如，Facebook 通过一项 15 亿美元的计划，打造沉浸式教育系统，以便帮助人们逐步适应和习惯 AR/VR 教学，这不仅是对 Facebook 本身业务的扩展和创新，还将改变人们已有的习惯和思维，逐步培育更多的应用土壤。

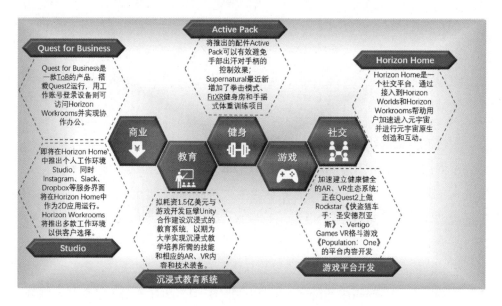

图 8-2

二、投身 VR

2014 年，Facebook 以 23 亿美元的价格收购了 VR 头盔制造商 Oculus。这场收购在当时引发了热烈讨论，虽然 Oculus 是技术上相对成熟的虚拟现实产品开发公司，具有一定的延展性，但 Oculus 仅是一家成立两年的初创公司。而站在 Facebook 的角度来看，花费大笔资金收购初创公司，需要极大的勇气和决心。这是 Facebook 迈向元宇宙世界的大动作之一，任何技术的快速迭代都离不开硬件载体的带动，元宇宙自然也不例外。"Facebook 投身 VR 硬件，就像马斯克投身火箭一样，都在组建通向新世界的关键工具。"扎克伯格如是说。

扩　展　阅　读

　　2011 年，Oculus 公司的创始人、年仅 18 岁的少年帕姆·拉克利在车库里拼出了一台粗糙的产品 CR1，并将其升级改造为第 6 代装置 Rift。次年，约翰·卡马克（知名游戏开发商，《毁灭公爵》和《雷神之锤》游戏的主程序员）将这个产品原型带到了 E3 视频游戏大展上。为了能让 Rift 产品得到更好的发展，帕姆·拉克利在募资平台 Kickstarter 上发起了筹款，共募得资金 240 万美元，是预计的 9 倍之多。2014 年，Oculus 被 Facebook 收购。尽管后来帕姆·拉克利离开了 Facebook，但 Oculus 的诞生、发展和收购，极具传奇色彩[3]。

　　从 Oculus 被 Facebook 收购后发布的具体产品来看（如图 8-3 所示），仅在几年间，其在技术方面已取得长足的进步，分辨率和存储性能越来越高，人们通过 VR 能看得更加清楚。例如，Oculus Quest 的分辨率仅有 1440*1600，而 Oculus Quest 2 的分辨率已经达到 1832*1920。除此以外，也考虑到了重量问题：Oculus Quest 2 的重量比 Oculus Quest 降低了 68g，变得更加小巧轻便，人们戴

---

3 数据来源：界面新闻《Facebook 重提元宇宙，在赌什么》。

起来更加舒服。

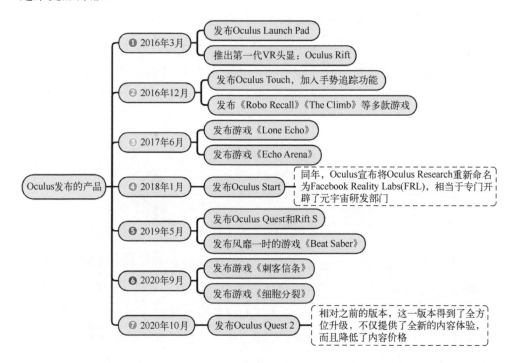

图 8-3

实际上，VR 产业经过几年的发展已经不再是 Oculus 一家独大，而收购也不仅仅是 Facebook 一家的商业策略——2021 年，社交平台 Snapchat 以超过 5 亿美元的价格收购了 AR 技术公司 WaveOptics。随着市场的逐渐完善和成熟，越来越多的人愿意购买 VR 头戴设备：2020 年，VR 头戴设备的出货量约为 500 万台；据此预测在 2025 年，VR 头戴设备的出货量有望达到 2800 万台。因此，Facebook 在 VR 产业方面的提前布局，可以说是极具战略性的一步[4]。

---

4 数据来源：申万宏源《元宇宙：全球巨头入局，下一代互联网启程》。

除此之外，Facebook 在收购 Oculus 后，继续以收购的形式补强了 VR 的相关技术，如图 8-4 所示。

Facebook收购公司
- CTRL-LABS (神经接口初创公司)
- Surreal Vision (英国视觉效果公司)
- Pebbles (虚拟现实公司)
- Beat Games (VR音乐游戏《Beat Saber》开发商)
- Sanzaru Games (VR游戏开发商)
- Ready at Dawn (VR游戏开发商)
- Unit 2 Games (类Roblox游戏《Crayta》开发商)
- BigBox VR (VR游戏开发商)

图 8-4

三、从硬件到生态

除此以外，Facebook 还投资了沉浸式音效、3D 打印、二级显示、面部表情识别、脑机接口等硬件方面的公司，甚至开展了自主操作系统的设计，目的是围绕 VR/AR 硬件打造全新的生态。

以硬件为切入点，就好像为建造大楼打好地基和框架结构，而生态体系和内容的建设，就好像是楼层的装修和家具，只有两者都发展得相对成熟，才能带给用户更好的体验。待到生态逐步建设完成后，无须在不同的 App 中切换，即可满足不同用户的需求及同一用户的不同需求，同时体验感和参与度也会逐步提高。这说明，Facebook 对于元宇宙的构建已经有了系统性思考，而不是漫无目的的探索和尝试。

Facebook 在元宇宙中的生态布局如图 8-5 所示。

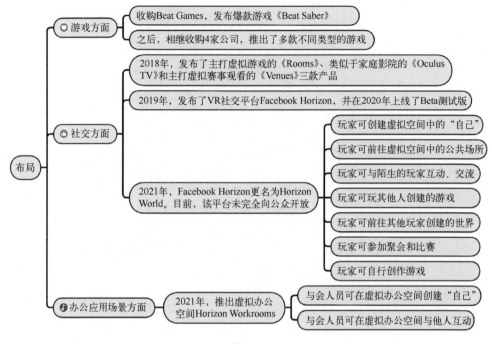

图 8-5

扩　展　阅　读

　　扎克伯格认为，人们在虚拟办公空间中开会，比传统的视频会议增加了更深的体验感和现实感。目前，虚拟圆桌会议最多可以支持 16 人参会，但如果只是使用网络摄像头，则最多可以支持 50 人参会。

　　虽然 Facebook 已在元宇宙的生态布局方面迈出了一大步，但从现实来看，仍有问题需要解决。

● 一是市场推广问题。例如，若向企业推广虚拟办公空间 Horizon Workrooms，则需要说服企业为每位员工提供一台设备，企业对此的接受度仍然是个未知数。

● 二是用户本身的体验感问题。例如，穿戴设备不够舒适；若佩戴时间长了，
穿戴设备甚至会滑动；在虚拟办公空间中待久了身体会产生不适感；虚拟
办公空间中的"自己"没有类似于人类的眼神互动、身体语言等，并不会
让人真正产生互动感。

因此，在 Horizon Workrooms 的建设与应用上，Facebook 还有很长的路要走，
不仅需要解决物理设备和技术开发的平衡性问题，还要注重商业问题。例如，开
发成本、技术解决方案、对外售价、售后服务等。

从 Facebook 的生态布局来看，未来 Facebook 会将游戏、社交、办公应用扩
展到更多生活场景中。目前，Facebook 已在沉浸式教育和健身等领域有所尝试，
相信在不久的将来，会有更多的应用出现。

▶ 第三节　微软、英伟达：业务级元宇宙的先行者

作为顶尖的科技企业，在元宇宙的布局上，微软和英伟达也走在了前列，但
不同于 Roblox 以游戏内容作为起点，也不同于 Facebook 以 VR 硬件作为切入点，
微软选择以 MR 作为重心，而英伟达则以 Ominiverse 作为平台来构建元宇宙体系。

一、HoloLens

在科幻电影或动作电影里，往往主角在空气中滑动一下，即可出现一个充满
科技感的屏幕，单击几下即可发出指令。大家是否想过，有朝一日这个场景会成
为现实呢？混合现实（Mixed Reality，简称 MR）就是能够实现这个场景的工具。

MR 与人们熟知的 AR 和 VR 完全不同：

- AR 为人们提供一个畅快淋漓的视觉环境，是一个数字化的虚拟空间。
- VR 会产生一个三维立体的空间，并且将视觉、听觉、嗅觉等多个感官结合起来，让体验更加真实。
- MR 是将虚拟空间和现实世界结合起来，并能产生互动和联系，是通向元宇宙世界在硬件上的突破性创新。

HoloLens 是微软公司开发的一种 MR 头显（混合现实头戴式显示器）。其进化历程如图 8-6 所示。

图 8-6

就目前已经发布的两代 HoloLens 产品而言，第二代 HoloLens 在分辨率和视场角方面有了极大提升，这就意味着第二代 HoloLens 拥有更好的视觉效果。与此同时，第二代 HoloLens 减轻了重量、扩大了内存、增加了实时眼球追踪功能、加强了手部跟踪精度，也就是说，第二代 HoloLens 在使用性能上得到了全面升级，不仅开始注重用户的沉浸感，通过升高视野和提高分辨率，让用户看得更远、更清晰，而且通过支持不同的交互方式，让用户拥有更多的选择。

第二代 HoloLens 虽然不直接面向个人消费者，但已在工业领域拥有一定的应用场景。例如，通过将第二代 HoloLens 与数字孪生相结合，专业的工程师、项目负责人可进行四维施工图的展示和查看（查看工程进度、可能存在的问题和管理方向等），以便精确开展后续工作。与此同时，在培训员工或协助一线员工方面，第二代 HoloLens 也能大展身手。

● 雪铁龙公司利用第二代 HoloLens,让专家能够实时查看其他国家的工厂情况，且不必前往现场。同时，专家可远程进行相关操作的"现场演示"，从而指导一线人员进行学习。专家在远程指导时既可添加注释，也可分享文件，还能添加 MR 的视觉效果，真是既简单又清晰。这一过程大大降低了企业的培训成本，提高了工作效率。

● 澳洲航空利用第二代 HoloLens 进行模拟飞行训练，只需带上设备，飞行训练者们就能与在现实世界中驾驶飞机一样触摸仪表和操作机械了。

当然，工业上的成功应用只是微软迈出的第一步。微软表示，其将通过更多具体场景的打造，以 MR 为接入口，彻底打破虚拟与现实之间的界限。

虽然不久之前有传言称微软已取消第三代 HoloLens 的开发工作,且微软官方并没有对此传言给出明确回应，但外界猜想对于元宇宙的发展路线，微软还需要付出更多努力和尝试。纵观涉足元宇宙的"大厂"，其元宇宙发展之路都不是一帆风顺的，未来也许会有更多类似这样的"小插曲"，甚至是更加跌宕起伏的故事，但这一切并不是在否定元宇宙发展本身，因为每次尝试都是有意义的！

二、Omniverse 平台

在元宇宙世界的构建者中，还有一个公司不容小觑，那就是英伟达。

英伟达的强项在于独立 GPU（图像芯片）。通过多年的迭代与升级，英伟达的 GPU 已经具备较高的行业壁垒，而 GPU 正是虚拟空间的主要算力基础之一。

按照商业方向和逻辑推论来说，英伟达本身就是元宇宙世界的强力玩家之一。但不同于传统技术商，英伟达认为单纯依靠芯片技术来打造元宇宙世界是远远不够的。

相比于突出英伟达在 GPU 方面的单一优势，英伟达更希望利用其在图形 3D 和 AI 领域的技术积累，大力推广 3D 内容云协作平台 Omniverse（Omniverse 平台是由基础的硬件、软件、扩展应用来支撑，通过高还原度的物理引擎和渲染能力构建起的一个强大又实用的虚拟空间），从而令英伟达成为元宇宙软硬件一体化的基石型公司。为实现此目标，英伟达围绕 Omniverse 平台制定了"三步走"战略。"三步走"战略反映了英伟达对元宇宙世界的系统性思考，如图 8-7 所示。

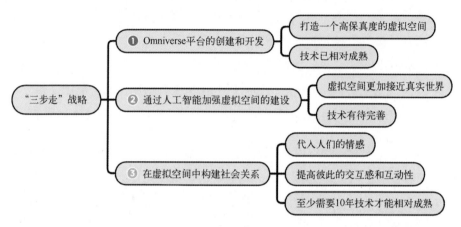

图 8-7

Ominiverse 平台包含很多基本模块，这些基本模块一方面可帮助 Ominiverse 平台实现基础性功能，另一方面可为用户的多元化需求和个性化服务提供"插口"，让平台具有自我进化和迭代的能力。Ominiverse 平台具有同步设计和实时渲染功能，大大降低了开发门槛，让更多人能够参与到平台的建设中来。英伟达为元宇宙世界构建的产品矩阵如图 8-8 所示。

视觉传达		虚拟语音		机器学习		云端进出	
硬件保障	DGX 超算工作站	HGX AI超算平台	EGX 企业加速平台	AGX 嵌入式系统		RTX 系列显卡	
软件支撑	Triton 推理服务器	NeMo Megatron 语言加速框架		RIVA 语音定制包		CANVAS AI绘图	
拓展应用	DRIVE汽车 开发测试平台		Isaac Sim AI 机器人开发平台		Kaolin 3D 深度学习加速器		
	Avatar交互AI 虚拟助手生成器	Replicator 合成数据生成引擎		Create 高级场景加速器		Audio2Face 面部动画生成器	
基础平台	Omniverse						

图 8-8

目前，Ominiverse 平台已在多个领域得到应用。

- 在电影拍摄方面，人们可利用 Ominiverse 平台实现非线性拍摄，即让不同的场景同时拍摄和实时编辑，不必在样片"出炉"后才进行下一步的编辑工作，大大提高了工作效率。
- 在游戏开发领域，Ominiverse 平台让游戏的设计和编辑功能变得更加强大。例如，利用先进的光追技术，游戏的画面将变得更加精美和逼真，支持多人创作的特性也让游戏能够快速充实内容。
- 在工业领域，Ominiverse 平台是数字孪生的应用案例之一。例如，宝马集团的未来工厂可在 Ominiverse 平台的基础上，完成设计、模拟、运维等一系列活动：在虚拟空间的生产线上，汽车从框架到零部件被一一展示；出厂前的设置和安全性测试被高效完成。

▶ 第四节　腾讯：打造全真互联网

与 Facebook 探索元宇宙的路径不同，2020 年底，腾讯董事会主席兼首席执行官马化腾提出"全真互联网"的概念，随即引发广泛讨论。其实，腾讯转向全真互联网并非偶然，而是企业自身发展的必然。

腾讯早在中国互联网的发展之初就深耕社交领域。早在 2009 年，腾讯已成为国内最大的游戏公司，并拥有 QQ 聊天、QQ 空间、QQ 游戏和腾讯门户网站等全面的产品矩阵。2011 年，微信上线，在经历了社交生态、内容生态、交易生态后，形成了目前的全方位开放生态。腾讯产品矩阵如图 8-9 所示。

至此，腾讯建立了一套全面的业务体系（如图 8-10 所示），囊括游戏、社交网络、广告、支付和云服务等不同层面的服务。

实际上，这套业务体系的逻辑和设计是通往元宇宙的重要一环。由此可见，腾讯在未来互联网的发展路径上已经有了清晰的规划和思路。

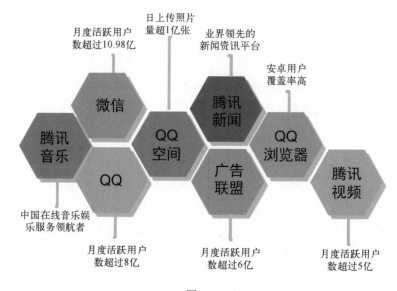

图 8-9

图 8-10

● 第一阶段：以文化、娱乐业作为开端，以游戏、广告、泛娱乐等作为入口，将新技术融入其中，并与智能终端结合起来，可极大提升游戏的体验度。

● 第二阶段：将生活服务等业务接入生态，扩展使用场景和业务范围，让全真互联网不再只用来"玩"。

● 第三阶段：让更多业务接入生态，使得整个生态更加开放、包容和社会化，不仅能够服务于产业和企业，甚至能够服务于政府业务。

腾讯在元宇宙世界中的布局如图 8-11 所示。

图 8-11

在生态体系的建设方面，腾讯于 2020 年推出 Citybase——服务于智慧城市的底层平台，利用数字孪生来助力城市的建设工作。Citybase 的示意图如图 8-12 所示。

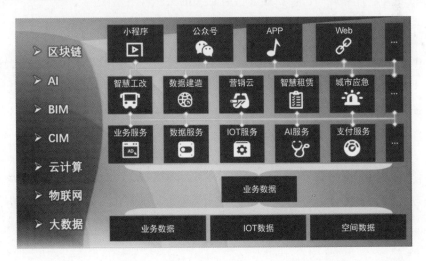

图 8-12

据悉，Citybase 能够实现城市数据的采集，将所有细节在虚拟空间中同步展

201

示，为城市管理者和决策者提供参考和依据。目前，城市管理面临着数据量大、信息渠道不通畅等问题，各系统面临着技术和行政之间的矛盾，因此形成了"数据孤岛"。Citybase 以腾讯云技术为基础，尝试将城市基础建设和管理数字化，实现信息的互通和数据的及时跟进。事实上，Citybase 本身就是腾讯迈向元宇宙的一次重要尝试：从技术上说，Citybase 是数字孪生的实际应用，为其应用到个人场景奠定了良好基础；从内容上说，城市建设本身是具有丰富内容的切入点，也是未来连接个人用户的重要场景。

通过这次尝试，腾讯加强了自身的云服务基础能力、对数据融合转化的能力、空间数据可视化能力、计算与分析能力、高逼真可视化渲染能力和全要素数字化能力等。同时，腾讯将通过已有的公众号、小程序、App 和 Web 端将 C 端用户连接起来，完善生态体系的建设。

目前，Citybase 已在部分城市落地，具体的场景包括智慧社区、智慧医疗、智慧政务、智慧法院、智慧公安、智慧交通、智慧安防、智慧教育等。虽然这些应用的普及率有待提高，但已是非常有意义的尝试。

实际上，腾讯是全真互联网赛道上强有力的玩家。

- 在用户方面，腾讯拥有超大的流量池和众多潜在用户，同时具备强大的运营能力和产品能力。
- 在技术方面，拥有完善的技术体系和基础设施，腾讯云分布在 27 个不同的区域，共有 2800 个加速节点、100 多万台服务器和 EB 级的存储空间。

在通往元宇宙的道路上，腾讯将以腾讯云为核心，充分发挥在用户、技术和生态方面的巨大优势，通过"全真互联网"这个未来形态，开启探索元宇宙的新征程。

AIGC：推动
元宇宙创业新浪潮

9

▶ 第一节　AIGC 引领创业潮

👥 一、热潮袭来

2023 年 4 月，美团联合创始人王慧文宣布成立光年之外，不仅拉来了知名风投机构，还拉来了有着搜狗输入法之父之称的马占凯、智源人工智能研究院副院长刘江。

几乎在同一时间段，搜狗前首席执行官王小川宣布成立百川智能。"百川智能"这个名字，代表着大模型技术能够将海量数据和专业知识汇聚、整合，如同川流入海。在百川智能成立之际发表的公开信中，这位毕业于清华大学的理工男充分展现出科技的力量与浪漫，以及身为科学家的视野和情怀。他既提到了科技发展之路、人类语言和知识的变化，畅想了人工智能时代社会的变化，也阐述了自己再次创业的原因。

王慧文、王小川等知名企业家的"重出江湖"，极大地鼓励了创业者入局 AIGC 领域。当然，AIGC 创业的火爆，其根本原因还是市场认可人工智能的发展潜力和商业价值。根据拉勾网发布的《2023 第一季度 AIGC 人才供需报告》，AIGC 人才招聘需求已经连续 3 个月呈现上升趋势，其中 3 月份环比增长 42%。而在整个行业的招聘占比中，人工智能及相关行业发布的职位量占比达到 17%。人才市场的火爆，充分展现了市场的朝气蓬勃。

这股创业热潮，是由多种因素共同催生的。

- 首先，人工智能技术本身正在不断发展。2022 年爆火的 ChatGPT 是 AIGC 产品形态的具体体现，其核心仍是不断发展的大模型技术。
- 其次，SD 的开源大大降低了相关领域的创业门槛。很多公司能够以 API

接口的方式实现人工智能绘图功能，而不必自行研发和训练大模型，极大地提高了效率，降低了成本。

- 最后，ChatGPT 在全球范围内的影响力让创业者意识到，或许其不仅代表了一个广阔的商业市场，更表示即将进入一个全新的时代。

从目前的创业情况来看，热情的创业者或创业项目可大致分为以下几类：

- 第一类是以王慧文、王小川等为代表的知名企业家重新出发，他们在互联网行业深耕多年，具有深厚的技术、人脉和资金积累，是典型的连续创业者。
- 第二类是在互联网公司内部孵化的 AIGC 项目，其既可能是对现有业务的创新和调整，也可能成为未来新的发展战略。
- 第三类是全新的入局者。这些入局者不是连续创业者，甚至没有专业技术背景，凭借着其对新机会的嗅觉和对未来的憧憬，开启探索之旅。

二、大公司的新机会

- 2023 年 3 月 16 日，百度凭借 AIGC 产品——文心一言，再次成为网络焦点。百度创始人、董事长兼首席执行官李彦宏在文心一言的发布会现场，展示了文心一言在文学创作、商业文案创作、数理推算、中文理解等方面的能力：在文学创作方面，文心一言不仅准确回答了关于知名科幻小说《三体》及同名电视剧的相关问题，甚至提出了 5 个《三体》的续写角度；在商业文案创作方面，文心一言顺利完成了给公司起名、写新闻稿的创作任务；在数理推算方面，文心一言以经典的鸡兔同笼问题证明了自己的能力；在中文理解方面，文心一言解释了成语"洛阳纸贵"的历史背景和对应的经济学原理，并创作了一首藏头诗。当然，文心一言还未得到大规模的应用，其能力仍然有待时间检验。
- 2023 年 3 月 29 日，360 公司推出了"360 智脑大模型"。它是一款以人工智能为核心的聊天机器人，能够进行精细化的信息搜集和处理。不过，"360 智脑大模型"是一款尚未成熟的产品，用周鸿祎的话说就是"把孩子抱出来给大家看看"。360 公司的创始人、董事长兼首席执行官周鸿祎在谈到以大模型为代表的新机会时，认为现存的所有软件、App、网站和相关行业都能够被大模型重新做一遍，从大模型的发展趋势来看，多模态是大模型发展的必经之路，GPT-4 最重要的变化是拥有了多模态的处理能力。因此，周鸿祎预测，多模态大模型与物联网的融合发展，将会是行业的下一个风口。

- 2023 年 4 月 10 日，商汤科技在技术交流日活动上公布了"日日新大模型"。据悉，"日日新"的名字源于儒家名句"苟日新、日日新、又日新"，寓意大模型在迭代速度及处理问题方面具有日日更新、日日迭代的能力。"日日新大模型"包括千亿级参数的中文大语言模型"商量 SenseChat"、文生图创作平台"秒画 SenseMirage"、虚拟人视频生成平台"如影 SenseAvatar"、3D 内容生成平台"琼宇 SenseSpace"和"格物 SenseThings"等。商汤科技的人工智能计算中心能支持 20 个千亿级参数的超大模型同时训练，而这正是商汤科技在算力上的优势体现。

- 2023 年 4 月 11 日，阿里巴巴宣布未来该公司的所有产品都将接入"通义千问"大模型。"通义千问"是阿里达摩院自研的大模型，目前，该模型仍处于邀请测试阶段。在其体验版的页面中，除了包括写提纲、SWOT 分析和商品描述等常规类应用，还包括一些生活类的应用："会放飞的菜谱"（根据输入的菜名生成具体的菜谱）、"然后呢（输入句子开头，给出反馈结果）"，以及一些娱乐类的应用："彩虹屁专家""写情书""为你写诗"等。

这些知名大厂积极投身于大模型研发，向市场发出了明确信号：大模型或许代表着未来的发展方向，是构建自身核心竞争力的基础。相较于很多处在迷茫或观望阶段的中小型企业，大厂天生具备在大模型领域搏击的优势：首先，大模型的训练成本高昂，大厂具有足够多的资金作为支撑；其次，大厂深耕互联网行业多年，对互联网技术的发展和业务形态的变化具有深刻认知，了解如何在新技术领域合理地配置资源；最后，大厂的抗风险能力相对较强，即便不能成功也能及时止损。

大厂在大模型领域的"二次创业"与未来企业战略转型升级息息相关。近年来，由于互联网的普及和信息通信技术的发展，以流量为核心增长点的互联网业态遇到较大的挑战，增量市场正在向存量市场转变。因此，这些"船大难掉头"的大厂急需找到新的蓝海来扩展业务边界，甚至实现公司整体上的转型升级。这个时候，积极投身于大模型研发，可以说是立足当下、放眼未来。

三、融资：创业公司发展的双刃剑

对于广大创业者或仍在考虑是否入局的潜在创业者而言，投融资是一个重要的风向标。资本的流向往往代表着市场对某个领域的判断：当一个行业的投融资活动频繁时，往往代表着市场对此持乐观态度，资本的涌入也带来了专业团队、专业机构，从而形成一种正向效益。但是，投融资是为了尽快促进技术落地和企业发展，形成健康、可持续的商业模式，并不是解决企业"缺钱"问题的万能药，企业还需要构建自身的核心竞争力和技术护城河。

2022 年 9 月红杉资本发布重磅文章《生成式 AI：一个创造性的新世界》，其对 AIGC 的注意让资本圈嗅到了 AIGC 爆发式发展的契机。

2022 年 11 月，明星公司 Stability AI 宣布以 10 亿美元的估值完成 1.01 亿美元的融资。与 OpenAI 选择闭源模式不同，SD 选择了开源模式。在 Stability AI 的官网上，写着这样一句话：AI by the people, for the people（人工智能取之于人，用之于人），实际上它做到了。目前，该公司已快速成长为全球知名的独角兽公司。2023 年 3 月，Stability AI 公司宣布寻求新一轮融资，估值约为 40 亿美元。该融资动作立刻引发争议：第一，不少人对 40 亿美元的估值持怀疑态度；第二，SD 对绘图的知识版权管理松散，恐有版权纠纷；第三，不同于 OpenAI 的身后有微软支持，Stability AI 身后并无此类巨头公司，用于大模型训练和微调的资金只能依靠融资解决，但 Stability AI 公司内部管理混乱，研发成本无法得到有效控制。目前，虽然由 Stability AI 公司推出的付费人工智能绘画服务已受到市场认可，但面对巨大的资金压力，Stability AI 公司仍感力不从心，这就好像陷入了一个无解的循环。

作为 Stability AI 公司的竞争对手——Midjourney 公司（另一家独家兽公司）仅有 11 名员工，虽尚未开始融资但已实现了盈利。Midjourney 公司的愿景是创造一个更具想象力的世界。Midjourney 公司在创业初期就有意识地避免浪费。例如，在第一个月仍处于亏损期时，就通过采取措施来防止用户滥用，避免无意义地"烧钱"；在后期盈利时，选择主动降低利润率，利用良好的服务来扩大用户基数。轻资产、快速迭代、快速调整的特性让 Midjourney 公司形成了相对健康的商业模式。

AIGC 领域不仅需要巨额的研发投入，还需要在商业层面建立更加完善的体系。例如，从公司创立之初就树立明确的战略目标，并在实践中不断调整；建立适合自己的组织架构；即使在有融资的情况下，也必须注重内部成本管理等。与其他领域的创业一样，AIGC 创业永远不是一件简单的事情。在这波热潮中，已经有很多人表示出了担忧。资金作为维持企业发展的"血液"，是非常重要的，它甚至决定着企业的生死存亡。但融资是一把双刃剑，也有不少创业公司因融资不当而受到损失。如何用好这把双刃剑，且看创业者如何正确对待、合理利用。

四、隐忧：创新还是跟风

AIGC 的创业潮，引发了很多圈内人和圈外人的思考。不少人发出警告：不能仅仅看到 ChatGPT 的火爆就盲目入局，在入局之前应当对自身有足够理性和客观的评估。

首先，ChatGPT 的开发团队，走的是"小而精"的路线。虽然大模型的训练成本高昂，但 ChatGPT 的开发团队不足 100 人，人力成本相对较低。从人员结构上看，开发团队的平均年龄约为 32 岁，且大部分拥有良好的教育背景，包括斯坦福大学、加州大学伯克利分校、麻省理工学院、剑桥大学、哈佛大学等。并非所有的初创公司都有能力汇聚如此多的人才。

其次，ChatGPT 拥有核心竞争力。SD 的开源让很多人看到了创业的曙光，他们只需要使用开源代码，并将其二次开发成自己需要的产品即可。但这类创业公司既缺少核心竞争力，也没有建立属于自己的技术护城河。

因此，在入局 AIGC 领域之前，创业者应该思考其进入 AIGC 领域的目的，以及自己是否真的能够创造价值。当然，创业市场永远是大浪淘沙。我们非常期待，在这一次的 AIGC 创业热潮中能够诞生更多真正引领人们生活的伟大企业。

▶ 第二节　AIGC 创业，让元宇宙拥有无限可能

AIGC 的创业热潮，除了能够在领域内创造出更多可能，在元宇宙的构建和发展过程中也将起到重要作用——AIGC 创业带来的新技术、新商业和新范式，都能移植到元宇宙中，使其焕发生机。下面主要从内容生成和产业链构建两个方面来理解。

一、内容生成

从内容生成的角度看，不同于以往的任何底层技术或先进机器，AIGC 的强大能力在于"自我进化"。过去，从福特的流水线到载人航空，都需要人类下达指令，而 AIGC 的强大之处在于，当技术进步到一定程度时，它可以自己进行判断和作出决定，即技术本身具备了进化能力。除此之外，AIGC 的迭代是通过大模型训练而来，进化的速度将越来越快，而传统的技术迭代过程是通过工程师的多次研究和打磨而来，也就是说，技术迭代的方式发生了根本性的转变。以上两个特质，决定了元宇宙作为在 AIGC 的技术底座上打造成的具有社会化性质的空间，

能够快速生成、迭代，绝不是一个高级版的互联网。

二、产业链构建

从产业链的角度看，AIGC 可以帮助元宇宙构建完善且强大的产业链，这和 AIGC 强大的功能密不可分。百度创始人、董事长兼首席执行官李彦宏曾预言："未来十年，AIGC 将颠覆现有的内容生产模式，并以目前十分之一的成本，百倍、千倍的生产速度，生成原创内容。"这个"低成本、高速度、多内容"的商业模式将在元宇宙中产生巨大影响，并能形成虚拟与现实的共鸣和连接。

娱乐、医疗健康、心理咨询等场景从现实走向虚拟的前提条件是技术进步和成本降低。只有拥有足够便宜且成熟的技术，才能支撑起大规模、多样化的应用场景。这正是 AIGC 创业公司未来努力的方向。虽然从一般意义上讲，互联网巨头似乎总是站在浪潮之巅，带领着所有人前行，但创业公司也能在不经意间如电光石火一般，带来颠覆性的创新，正如拥有 11 名员工的 Midjourney 公司作出了如此惊人的成绩。未来，会有更多这样的公司出现在创业市场中，通过深度挖掘更多不同的技术要点，让 AIGC 领域变得更加丰富多彩。

Web 3.0：承载
元宇宙的一切想象

10

第10章

关于元宇宙，每个行业、每家企业，甚至每个生活在互联网世界中的人，可能都有不同的理解和想象，也在相应的业务场景中进行过创新型的实践和探索。例如，Roblox 不仅让玩家参与到游戏的生产和设计中来，还突破了本地存储的局限，让云互动成为可能；Facebook 借助硬件的力量，将玩家带入一个虚拟空间，延伸了生活和工作场景中的社交边界；腾讯利用本身的产品矩阵和技术优势走向"全真互联网"；微软和英伟达在工业和平台级产品上发力……尽管不同的"大厂"对元宇宙有不同的定义和探索，产品也并不一定是元宇宙的终极形态，但它们都有一个共同的出发点——互联网 3.0（Web 3.0）。

从总体上看，人们很难从"看得见、摸得着"的角度给元宇宙下定义，因为无论怎么定义可能都不够准确，也没办法用一个具体的物理实体来承载元宇宙的全部内涵。如果把元宇宙定义成一个任何产业都渴望奔赴的目标，那么 Web 3.0 就是人们目前能够"看得见、摸得着"的机会洼地。

在这一章中，将展望一下从当下走到最终的元宇宙世界需要经历哪些过程，这些过程又会带来哪些产业机遇，以及普通参与者能做些什么。

▶ 第一节　更加开放的互联网

听起来，元宇宙带来的虚拟空间体验是一个高不可攀、遥不可及的高级世界，但如果将日常生活中的具体细节代入元宇宙中就不难发现，元宇宙其实就是更加开放的互联网，与人们的距离并不遥远。

当前，互联网是人们开展商业活动、进行数字应用和智能应用的重要技术载体，也是人类社会数字化发展的基石。元宇宙体系的建立和发展必须以互联网为突破口，从网络的技术出发，结合应用和各类实际场景，不断落实其理论特征和业务内涵，最终实现元宇宙场景化应用的完全形态。

随着人工智能、大数据等技术的发展，更丰富的网页特效、更多元的在线应用不断出现，人们正在飞速地从 Web 1.0 时代走进 Web 3.0 时代。那么，究竟什么是 Web 3.0 呢？

互联网的发展过程可简单地分为 3 个基本阶段：Web 1.0、Web 2.0 和 Web 3.0。

- 在 Web 1.0 阶段，网络的开放性不足，每个网络运营平台都通过自身的服务器发布消息，而用户只能被动地接收信息，不具有太多的选择权利，更不会深入参与到运营商发布消息的过程中。

- 在 Web 2.0 阶段，网络逐步开始走向开放，信息流的交换从运营平台到用户的单向模式，转换为运营平台到用户、用户到运营平台的双向模式。用户既是信息的阅览者，也是信息的发布者，随时可跨越地理空间进行社交和分享，并能解决自己的日常需求。尽管如此，Web 2.0 还是有其局限性：用户之间的交流虽然不局限于物理空间，但却受限于网络平台，用户的个人信息、操作行为、虚拟资产、服务偏好只能被一个平台记录和"认可"，若切换到另一个平台，则立刻失效，就好比 A 商场的优惠券不能在 B 商场使用一般，也就是说，平台之间彼此存在着一堵隐形的墙。

- 在 Web 3.0 阶段，网络具有更强的开放性，不同网络之间逐渐融合，变得互联互通，用户在一个平台的全部个人信息和活动会被整个互联网所记录。在更强的开放性下，人们彼此之间将产生更强的连接和互动，从而产生更频繁和大量的信息交换、物质和服务的交换，也就是所谓的经济活动。总而言之，互联网会朝着更强的开放性发展，其本质是经济属性的演化。开放性和经济属性将会是元宇宙的精神内核。

元宇宙的本质是一个互联、体验式的 3D 虚拟空间，位于任何地方的任何人都可以在其中进行实时社交，从而形成一个跨越数字和物理空间的、持久的、强开放的互联网经济体系。

▶ 第二节 开放社交与游戏经济

从元宇宙的应用场景可以看到，尽管元宇宙仍处于雏形阶段，但许多关键组件已初具形态。以 Web 3.0 为契机，元宇宙产生了很多典型的成功应用，游戏与社交正是其中非常重要的业务突破口。

随着网络技术的不断进步，游戏和社交爆发出越来越强大的市场潜力。未来，人们会越来越多地专注于数字活动，会有更多的空余时间参与到社交、娱乐活动中来，更多地回归到生活本身，并在虚拟社交活动中逐渐构建自身的社会地位，形成另一种形态的生活。

虚拟空间的社交比物理空间的社交更具开放性和吸引力，且不受时间和地点的限制。随着 VR、AR、5G 等技术在互联网应用中越发成熟，虚拟空间的社交体验与物理空间的社交体验将别无二致，网络的开放性、创造性优势必将逐渐凸显。

未来，在线社交和娱乐市场的重要性不断提高，甚至与现实世界中人们的日常交流活动具有同等的重要性。因此，很多游戏公司将以拓展更多虚拟场景的方式获得开放特征，同时也会将平台中的资产与 NFT 进行关联，使平台中的任何社交活动都具备经济属性。当游戏与经济关联起来，玩儿和工作这两件事的边界就会模糊化。毕竟，社交价值、娱乐价值本身也是经济价值。

如果游戏公司能把虚拟内容资产化，找到一种资产载体，并以其支撑更广泛的虚拟价值交换活动，则会形成比传统游戏行业更强的产业优势。从本质上说，虚拟资产的提出，会让网民的在线活动更具意义：不仅是网民及其所属的社交圈得到认可，更是任何人在文化层面、经济社会层面等各个方面得到全方位认可。

相较于 Roblox，Decentraland 是一个更为典型的以 Web 3.0 为主要形态的单一游戏。Decentraland 创立于 2017 年 9 月，是全球第一个完全去中心化、真正由用户主宰的 Web 3.0 虚拟空间。在 Decentraland 中，用户既可作为探索内容的场景开发者，又可作为与其他虚拟人及更多实体产生互动的参与者。截至目前，Decentraland 已拥有超过 80 万名注册用户，近 300 万名来访者，总交易量超过 6000 万美元，成为当之无愧的单一游戏的元宇宙项目。

Decentraland 可以很好地解释在新的互联网形态中，游戏里的资产逻辑是什么样的。

Decentraland 是一个以 DAO 社区为基本运作理念的 "Web 3.0 虚拟王国"。DAO 的全称是 Decentralized Autonomous Organzation，即一个去中心化的自治社区，中文别名为 "岛"。

Decentraland 包含 90601 片小地块，合计约 23 平方公里，玩家在此拥有充足的空间。Decentraland 中的地块可交易，其价格主要取决于周边的访客数量，这就激励着玩家多多开发更具创新、更有趣的项目来吸引访客。此刻是否产生了一个疑问：Decentraland 将玩家变为了房地产开发商吗？其实不然。

按照一般的房地产开发流程，开发商需要先经过政府的层层审批、各式各样的行政流程，再去完成消防、水务等手续，后期还需要聘请物业公司来做日常管理、通过中介公司去做推广和销售，总之，这样一个繁杂冗长的过程需要大量资金作为支撑。而在 DAO 社区里，一切都是公开透明的，没有任何复杂的手续，因为虚拟经济链条上的任何一个资产都不可篡改或删减，包括前期的交易记录，因此，不再需要任何一名管理者，无论是政府、物业还是中介，整个经济体系都将变得更具市场化和公平性。

当玩家登录 Decentraland 后，可通过游戏获取称为 MANA 的代币（代币是玩家在游戏里的个人资产），并通过 MANA 购买道具、土地，以 NFT 的形式将其确认为永久性的个人资产。值得一提的是，任何交易都会被记录和永久追溯。

玩家购买的土地，交易的次数越多、流通性越强，土地就越有价值；也可通过各种方式，不断鼓励他人在自己的土地上进行二次开发，从而产生新的价值。土地的稀缺性和后期"开发"产生的附加值将会产生融合效应，并形成 IP，逐渐创造更大的价值。

除了游戏和社交属性，Decentraland 还打造了一个综合的场景化平台，在自己构建的社交化经济体系下，也给其他游戏公司提供充足的合作与发展机会。其他游戏公司可以把自己的业务嫁接到 Decentraland 平台上，实现业务引流，并将自己的业务融合到 Decentraland 的虚拟空间框架之中，享受巨大的虚拟社交红利。例如，Atari 与 Decentraland 的紧密合作就充分说明了这一点。Atari 曾是街机行业的佼佼者，开发了很多手游小游戏，拥有数十年的开发经验。2021 年，Atari 与 Decentraland 合作后，推出了由 Decentral Games（DG）提供支持的 Atari 游戏厅——基于 Web 3.0，将传统游戏嫁接到元宇宙中。

Decentraland 和 Atari 的合作为 Decentral Games（DG）社区带来了 MANA、DAI 和 Atari（ATRI）等多种资产形态，让从不同接口进入的玩家有了资产流动的空间和机会。更重要的是，Atari 畅销游戏的加入，也为 DG 社区带来了优质人才。

这种"嵌入式"的合作方式开创了合作共赢的新形态，不仅将游戏平台扩展到了其他领域，也为平台本身导入了流量和业务，同时还为用户提供了不同的体验，真可谓是"一石三鸟"！这种方式以元宇宙思维为起点，通过开放、共享的精神，让人们同时兼顾商业化、游戏体验和平台建设，让游戏世界变得更加经常！

为什么游戏会成为元宇宙落地的突破口呢？因为元宇宙的本意是打碎人与

人之间"隐形的墙"，而游戏天然具备这个破墙而出的能力。游戏和社交的本质如图 10-1 所示。

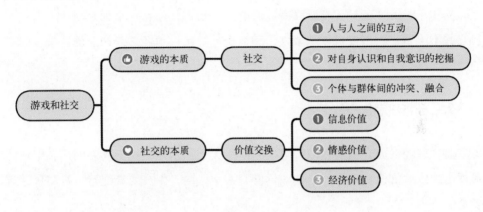

图 10-1

　　游戏公司会以满足娱乐需求、社交需求为起点，创造场景、构建流量，再通过巧妙设计的虚拟资产形式把人们依靠智力活动在虚拟空间中的"贡献"沉淀下来，并逐渐构建一个平台市场。总之，若互联网想要发展新的生态——元宇宙，肯定离不开对人性的洞察和理解，但在互联网的各种业务形态中，游戏对"人"的理解是最为深刻的：游戏公司利用其在虚拟体验、创造力方面的先天优势，将其对"人"的洞察能力放大、扩展，并不断拓宽场景，以便容纳更广泛的业务应用。

▶ 第三节　数字商务新机遇

　　在 Web 3.0 这个去中心化的网络时代，任何有价值的资产，其价值都会被锁定并得以保障。例如，传统游戏开发者不必为了自己错过互联网的红利期而感到沮丧，只要游戏本身具有足够大的流量或 IP 价值，Web 3.0 在任何时候都可以成为他们的下一个目的地。因此，传统企业的从业者，应该思考的是如何切入 Web 3.0 这个赛道。

其实，Web 3.0 只代表互联网发展的一个形态，形态这个词是个"大"词，但它并不浮空，它不仅可以承载娱乐和社交，更可以承载传统产业的转型及崭新的经济形态。

一、数字作品的更大价值

前文曾经专门介绍过 NFT，也提到一些关于艺术藏品在新互联网形态中可能发挥出的巨大价值，即承载了储藏价值、人文认同、生产要素配置、社交属性等多重价值。

（1）储藏价值

储藏价值是由产品的稀缺性带来的价值，这和传统拍卖品价值高昂的经济学原理相同——在拍卖会上，知名画家的作品更容易比一般画家的作品得到藏家的青睐；对于同一位画家的作品而言，原作一定比复制品的售价更高。

但与传统作品不同的是，在 Web 3.0 的网络形态里，作品产权是不可复制的，即解决了传统作品真假难辨的问题：原先一个作品的鉴定结果取决于鉴定师的经验、眼力等，很多隐性的主观因素影响着交易的真实性；在 Web 3.0 中，稀缺性是随着作品上链而自动生成的，是一个天然属性，不可人为抹去或更改，因此，整个鉴定流程更加公正和客观。除作品本身的真伪性以外，作品的交易价格和交易链条也是透明的。

（2）人文认同

与储藏价值相比，人文认同就相对主观一些。例如，不管是扣篮截图，还是 Twitter 截图，很多人都对其交易价格感到不可思议，但买卖双方对作品具有实质性认同。而这种认同只有当事人才能体会。所以，在 Z 世代逐渐成为主流消费群体的当今社会，YOLO 的文化产物可能会同时在现实世界和 Web 3.0 世界中创造更多的奇迹。

 注意：

YOLO 的全称是 You Only Live Once，强调每个人只活一次，鼓励人们享受生活、享受当下的时光。其实，把一句 Twitter 留言截图下来，当成一个 NFT 资产来销售的行为本身就是一种 YOLO 文化的体现。

（3）生产要素配置

除了储藏价值和人文认同外，另一个具有独特性，并且能够在新的互联网形态中体现产品价值的就是生产要素配置。例如，在传统游戏中，人们购买的一款皮肤、一把枪、一片农场，只能作为游戏中的一种工具或武器；而在 Web 3.0 中，人们购买的任何一件产品，都是网络形态中的一个数字资产。这个数字资产可兑换成代币，在任何一个承认这种代币的平台中使用。

这个探究某种要素内在价值的过程，其本质是一种生产要素配置，它决定了玩家在 Web 3.0 中长期持有的产品或资产的价值。这种概念的转变会带来完全不同的游戏体验和玩家认知：在游戏中交易、买卖产品不再是"浪费钱"，而变成一种投资方式；传统游戏中的单纯玩家变成了 Web 3.0 中的一名资产管理者。

（4）社交属性

自 Web 2.0 起，社交属性就是一个衡量资产或产品的重要指标。在 Web 3.0 中，其概念进一步演化，表达的是对某一单独个体或 IP 身份的认同。这份认同源于每个人与他人分享的欲望。所以，数字产品不同于传统意义上的艺术收藏品，只有交易那一片刻的价格转换，在 Web 3.0 中，不仅这些稀缺的产品会被记录，产品的交易过程也会被记录，因为交易过程与产品一样都承载着人们的分享欲望。这也是为什么数字产品在 Web 3.0 中的需求格外庞大。

 注意：

此处提及的"分享欲望"代表着一种精神寄托和思想追求：因为认同这份价

值，所以想要把它分享出去，让更多人看到或了解到。正如人们常常强调互联网的开放、共享和平等，而到了元宇宙时代，这份分享的精神不仅不会淡去，反而会更加凸显在人们的精神世界里。

二、体育的新玩儿法

除了游戏和艺术，还有一个传统领域意外抓住了元宇宙的红利，成为人们通过 Web 3.0 转向元宇宙过程中的最大受益者之一——体育。

近年来，太多新兴的消费和娱乐方式正在取代人们对闲暇时间的分配，例如，唱歌、桌游、网购、遛宠物等都在分散人们坐在家里看电视或去现场观看球赛的时间。但体育终究是一个跨国籍、跨代沟的通用社交工具，能够超越语言的障碍和文化的背景，具备典型的社交属性及长久不衰的 IP 价值。

例如，在体育界，球队和球员本身都是具有符号性和领袖性的标志。不管是马纳多纳、梅西，还是乔丹、科比，他们为人们带来的不仅是精湛的球技和一场场精彩的比赛，还有他们身上不屈的体育精神。这种精神既可以是勤奋努力、积极阳光，也可以是团队配合、迎难而上。每个人都可以作出自己的解读，并且从中汲取精神食粮。因此，不论是球队还是球员，当他们的精神意义远超他们本身，形成衍生的文化符号，则会比人们购买几张球赛门票或购买几件球衣发挥出更大的价值。

扩 展 阅 读

NBA Top Shot 是篮球圈里排名第一的 NFT 游戏。这个游戏本身就是基于 Web 3.0 构建出来的全新娱乐方式。

NBA Top Shot 游戏已获得 NBA 的官方授权。该游戏的核心是数字收藏品，例如，展现 NBA 明星英雄气概的摄影作品及球员卡。NBA Top Shot 的每张球员卡都是具有稀缺性的 NFT 收藏品：除了图片和文字外，NBA Top Shot 的球员卡还包含一段特定的精彩时刻，这个精彩时刻和对应的球星封面，以及比赛场次、比赛结果等信息一起构成一个完整的 NFT 资产。

这些数字收藏品的价值由球员卡的稀缺性和球员的符号化价值来决定。所谓的符号化价值不仅取决于某个球员的专业性，还取决于他们衍生出的价值，例如 IP 价值、粉丝量的大小等。当然，这些衍生出的价值不能脱离体育本身的竞争性和精神内核，以及决定性要素——球员、球队的能力和水平。例如，詹姆斯的扣篮视频截图就是一个典型的 NFT 产品，但因为该视频是公开的，所以其稀缺性并不明显。然而，詹姆斯的限量版定制球星卡，最高售价可达 20 万美元。这一切都源于詹姆斯在篮球领域取得的成就、拥有的巨大号召力，以及由他本人的个人影响力衍生出的价值。

前文中曾提到 3D 数字人，也提到过 Facebook 推出的仿真会议室，那 3D 数字人能否与体育结合起来呢？答案是能。相信很多人都知道，谷爱凌在 2022 年北京冬奥会上获得佳绩，并不是谷爱凌第一次出现在大众视野里。早在 2021 年年底，中国移动咪咕公司在一场元宇宙交互冰雪音频节目《荣耀时刻》里，就为谷爱凌进行了宣传。在这个节目里，人们可以和"谷爱凌"直接交流有关冰雪世界的故事。当然，这个"谷爱凌"并不是谷爱凌本人，而是她的 3D 数字人 Meet GU。这些逼真的体验感，不仅源于高新技术让数智分身与本人保持了极高的相似度，包括外形、声音、形态、动作等，更重要的是，Meet GU 与谷爱凌本人一样具有热爱运动、自信乐观等特质。真是无法想象，这样一个小小的节目，涉及的底层技术却是庞大且复杂的数据搜集及分析系统。

以上案例足以证明体育在 Web 3.0 世界里的开发价值。不管是对于社交属性、IP 属性、参与属性，还是竞技属性，体育都是非常适合的赛道和切入点。在新的 Web 形态中，整个体育行业将涅槃重生，不仅能为热爱体育的人带来精彩的体育赛事，还能为其带来更加多样、更加多元的体验！

这不仅是文化娱乐上的创新，还是基于第三代互联网经济时代的一次行业大变革！

三、重新定义汽车

目前，汽车已逐渐成为中国城市家庭必备的固定资产。截至 2023 年 1 月 20 日，虽然中国现在家庭的总户数为 4.65 亿户，但中国汽车的总保有量就高达 3.071 亿辆。也就是说，汽车已经从典型的消费产品变成了个人或家庭日常生活中不可或缺的生活场景。

在全球碳中和目标的引领下，新能源汽车的保有量将会快速增长。申港证券预计在 2023 年年底，我国新能源汽车的渗透率有望达到 35%。因为新能源汽车的盛行，人们出行的四轮主宰工具逐渐从硬件发动机转换成以智能汽车软件为主导的信息化数字系统。

从场景思维和数据思维的角度看，智能汽车软件负责收集用户数据，并对其进行分析和处理，最终以数据作为驱动力不断提高汽车的服务水平，改善用户的乘坐体验。这正是汽车行业从传统模式转变到 Web 3.0 的具体体现。

扩　展　阅　读

智己汽车是一个在 2020 年成立的国产新能源汽车品牌，从成立初期，就一直以"IM What I am"作为核心品牌主张，致力于充分利用人工智能技术，发挥"以用户为中心"的宗旨，让用户在"智己社区"中率先体验到近似于 Web 3.0 中的"科幻生活"。

智己汽车数字创新总监钱刚曾表示："科技进步带来的电动化和深度智能

化正在颠覆和重构汽车行业"。这里所指的科技进步，包括了人工智能和大数据。智己汽车通过安装在汽车里的软件，跟踪用户在各种场景下遇到的情况及其反应，并通过后台的大数据功能进行深度学习，最终将获得的用户偏好和风险防控等信息反馈到系统升级的需求里，最终让用户获益。除此以外，智己汽车还通过应用区块链技术推出了"原石谷"用户数据权益计划，即以数据权益的形式回报用户为智己汽车的后台数据库反馈数据的行为。

从实际情况来看，智己汽车在"原石谷"用户数据权益计划中发行了 3 亿枚原石，总量恒定，永不增发（原石相当于游戏或 NFT 场景中用到的各种数字资产或代币）。获得原石的方式有两种。

- 70%（2.1 亿枚）的原石是被动数据，即基于用户在驾驶智己汽车的过程中，被系统采集的驾驶里程数据进行的"里程式开采"：用户的行驶数据会自动记录在里程开采的数据池中。换句话说，用户行驶的里程越多，积累数据就越多，原石也会随之增长。
- 30%（9000 万枚）的原石是通过激励的方式，让用户因主动参与后台的各种活动（如发帖）而向后台提供数据，并直接获得原石。

当然，汽车场景里的任何资产、任何一组用户行为数据，都有望成为 NFT 产品。在基于以用户为核心的数据确权理念中，任何数据都会记录完整且不可篡改。虽然互动方式没有太大的创新性，但建立在 Web 3.0 新形态中的确权思维，对于放大未来的数据价值、提升用户在商业活动中的核心作用至关重要。

四、好大夫迎来福音

众所周知，长期存在于传统医疗行业中的棘手问题是医患矛盾，其源于医疗资源的不均匀、医疗记录中的信息不对称，以及医患之间由于知识储备的差异而形成的天然隔阂。

随着 Web 3.0 的发展，其又能为医疗行业带来何种新体验呢？

SINSO 是一个基于 Web 3.0 和分布式人类健康数据的互联网经济项目。该项目通过在原始医疗设施架构上设置去中心化的程序，激励用户主动参与数据确权，帮助用户加强数据采集和数据资产化的意识，加强医疗数据的自然流动。因此，通过针对医疗数据设计定制化的 NFT 模板，有望解决患者数据的确权问题。

简单来说，在 Web 3.0 中，自己的数据既可由自己亲自输入或上传到虚拟网络中，也可通过将密钥授权给其他人的方式修改数据。例如，患者只有将密钥授权给医生，医生才能更新患者的病例信息。

在医患信任度这个问题上，SINSO 还开发了医生品牌类 NFT 的虚拟资产，让医生能够以历史记录背书及不可篡改的信息形成自身的品牌价值：医生是否有过丰富的就诊经验、是否获得大部分病人的好评、在就医的历史档案中，是否有过违反职业道德的行为等。这些信息都将是真实而准确的，即一切只凭数据说话，"劣币驱逐良币"的现象将从根本上得到解决。

总之，通过以上方式便真正实现了以医生为中心的医师执业自由化，以及以患者为中心，保障数据的流通性与安全性，提升医疗设施架构的服务价值，用技术手段建立医患之间的信任，从而从根源上缓解剪不断、理还乱的医患关系问题。

▶ 第四节　变革离不开经济体系

在 Web 3.0 的框架下，人们的所有经济活动都将变得更加开放，因此，需要更加安全、稳健的经济系统。在虚拟的网络环境及全新的商业模式下，必将衍生出独特的经济活动，并催生出各种经济活动的交易平台。这些经济活动交易平台的底层技术大多依赖于区块链技术，具有完善的安全机制和信任机制，可在保障效率的同时维护稳定、多样的经济活动秩序。

在一个开放的经济系统中，有两个非常关键的经济活动：消费和借贷。其中，最具代表性的系统平台分别为 OpenSea 和 AAVE。

一、OpenSea：虚拟资产的代币化和数字化

OpenSea 是一个 NFT 交易平台，拥有卓越的资产广度、简单的发行流程和强大的筛选功能。自 2017 年成立以来，OpenSea 已发展为该领域无可争议的垄断者。

在 Web 2.0 时代，相对于传统产业而言，互联网巨头的行业内竞争力具有更大的聚集效应，而到了 Web 3.0 时代，这个现象会更加明显。例如，谷歌占据全球搜索引擎市场 92%的份额；亚马逊占据美国电子商务市场 50%的份额；OpenSea 占据以太坊综合交易平台 97%的份额。

可将 OpenSea 涵盖的 NFT 产品分为 8 类，分别是艺术、音乐、域名、虚拟空间、交易卡、收藏品、体育和实用物品等，其本质是建立在以太坊标准上的数字资产。虽然从技术的角度而言，NFT 产品只是一个无法被更改的数据单元，但这个单元可以代表任何东西：一张图片、一首歌、一段视频，甚至是一张古怪的猫的画像。

传统的拍卖行通过拍卖珍贵的艺术品使收藏人获益，但艺术品收藏具有较高的门槛，普通人无法从中分一杯羹。随着 NFT 产品的价格飙升，普通人也想成为 NFT 产品的创作者、收藏者或投机者。

于是，人们纷纷将目光转向 OpenSea 平台。OpenSea 对于特定的区块链资产来说，是一个稳定、优秀且安全的平台，完全实现了虚拟资产的代币化和数字化。

由于游戏行业中存在大量的虚拟产品交易需求，如形象、皮肤、装备、游戏

币等，因此，NFT 产品交易平台是服务于游戏行业的最好应用场景之一，目前，OpenSea 已经成为 My Crypto Heroes、Rally Adventure、Voxels、Chainbreakers、Ether Kingdoms 等大型游戏的主要交易平台。总之，仅通过几行代码就能盗取游戏币的时代一去不复返了，人们可以放心地进行虚拟资产交易，再也不用担心所谓的"黑客"了。

当一个新的 NFT 产品被创建并记录在以太坊上时，OpenSea 就会自动生成一个显示该产品的网页，毕竟 NFT 已成为一种具有强大识别力的身份象征。

二、AAVE：降低传统金融风险，放大资产流通价值

AAVE 是一个于 2017 年在以太坊中发布的借贷系统。AAVE 代币是 DeFi 中使用最多的代币之一。DeFi 是 Decentralized Finance 的简称，意思是"去中心化的金融体系"。

当前，越来越多的人将 AAVE 视为"区块链界的世界银行"。AAVE 本质上是一个开放的货币市场协议，出借人通过将资产存入 AAVE 的共享资金池来提高流动性，而借款人在这个过程中可以用超额抵押或无抵押的方式，自由地从资金池中借款。

与物理空间中的银行借贷中心一样，AAVE 可以提供不同类型的信贷服务，这些新服务极大地扩展了银行的业务体系。

AAVE 之所以能够高歌猛进，源于它具有一个核心产品：闪电贷，一个可在15 秒内完成交易的产品。

对于借款人来说，闪电贷的厉害之处是克服了传统借贷模式中需要实际抵押物的问题。更为吸引人的是，通过"闪电贷"借出的资产完全没有违约风险，这正是基于区块链技术的新型金融体系创造的奇迹（在区块链技术中，无信用的人毫无漏洞可钻）。

从 AAVE 当前的发展趋势来看，AAVE 的创新业务践行了以用户为中心的理念，并在基本模式的底层逻辑上与传统金融相融合。那么，在融合传统金融业务

方面，AAVE 做了哪些尝试呢？

其中，最重要的一个尝试就是信用额度委托服务，其是打通新老世界金融体系的主要桥梁。通过信用额度委托服务，AAVE 可以覆盖包括虚拟资产市场交易所、各种金融体系参与方，以及放债人、机构、企业、非政府组织等传统世界里的金融活动参与主体。

此外，房地产行业也在通过 AAVE 这个桥梁逐渐进入虚拟空间的涉猎范围。AAVE 正在探索一种房地产代币化的平台（RealT）。作为借贷需求庞大的房地产行业而言，AAVE 正在尝试为生活在传统世界里的大部分用户，提供房屋抵押贷款服务。

总之，AAVE 不仅能够有效改善去中心化的金融市场，还可以更好地盘活物理空间中的金融载体；更开放的网络不仅可以连接各个虚拟载体，也可以连接现实世界；在让虚拟资产有迹可循的同时，也让实体经济拥有更广阔的投资空间。

这，正是元宇宙的魅力所在！

后　记

本书描绘了很多关于元宇宙的畅想，讲述了很多元宇宙将给人们带来的乐趣和便利，以及元宇宙如何改变现有的社会组织架构和经济业态。元宇宙概念的提出，对于全球经济而言，绝对是一支强心剂。

与此同时，在元宇宙的狂欢盛宴中，我也听到了一些质疑的声音：有人认为元宇宙只是一个炒作的概念，是以 VR、3D 建模等老技术为代表的旧瓶装新酒；也有人认为元宇宙只是一个难以企及的愿景，几乎不可能实现。

面对这些声音，我想说的是，元宇宙带给现实世界的启发意义，既不是那些高大上的沉浸式虚拟场景，也不是能让人一夜暴富的 NFT 产品，而是一种技术发展理念，一种全新的技术构想。换句话说，元宇宙帮助人们在技术创新上不断朝着更加多元、开放、高效、平等、自由的方向前行。

自改革开放以来，我国一直以积极的心态应对和接纳技术创新、市场创新，对新鲜事物勇于探索、提前布局，这才带来了高速的经济增长和长期的市场繁荣。因此，我们既要对元宇宙抱有充足的创业激情，也要具有理性的辨别力和投资的克制力。

360 公司的创始人周鸿祎表示："元宇宙构建在人工智能、大数据、云计算、区块链等数字化技术逐渐成熟、融合推动的基础之上，是数字化发展到高级阶段的产物。元宇宙的产业链很长，若各地积极布局元宇宙，将会给整个产业链上的相关企业带来新的发展机遇。"因此，元宇宙的目标不是一蹴而就的，而是脚踏实地进行技术创新、不断耕耘出来的。这需要产业链的各方协同合作、携手推进。

当然，元宇宙的崛起不仅依赖于技术人员和业务人员的勇敢探索，也依赖于投资人敏锐的判断和决策，以及政府相关部门的大力支持。当前，我欣喜地看到，国内很多城市都明确表态要布局元宇宙的新赛道。例如，合肥、武汉把发展元宇宙写入了当地的政府工作报告；江苏省无锡市提出，要推动元宇宙技术在多领域深度应用，以及上下游各环节、各主体协同发展；北京市表示，要推动组建元宇宙新型创新联合体，探索建设元宇宙产业聚集区……

这是一个充满机遇的时代！技术的飞速发展带来了更多的想象空间，而科学、规范的总体布局，将会加速这个过程。未来，相信在各同行、朋友的热忱期盼和共同努力下，人们会很快迎来真正的元宇宙时代！

陈雪涛

2023 年 2 月